古代歷史文化 研究輯刊

二一編

王明蓀 主編

第23冊

明代北直隸城市平面形態與建築規制研究（下）

包志禹 著

國家圖書館出版品預行編目資料

明代北直隸城市平面形態與建築規制研究（下）／包志禹 著—
初版 — 新北市：花木蘭文化事業有限公司，2019〔民108〕

目 4+164 面；19×26 公分

（古代歷史文化研究輯刊 二一編；第 23 冊）

ISBN 978-986-485-741-8（精裝）

1. 都市建築 2. 建築史 3. 明代

618   108001507

ISBN-978-986-485-741-8

9 789864 857418

古代歷史文化研究輯刊
二一編　第二三冊　　　　　ISBN：978-986-485-741-8

明代北直隸城市平面形態與建築規制研究（下）

作　　者　包志禹
主　　編　王明蓀
總 編 輯　杜潔祥
副總編輯　楊嘉樂
編　　輯　許郁翎、王筑　美術編輯　陳逸婷
出　　版　花木蘭文化事業有限公司
發 行 人　高小娟
聯絡地址　235 新北市中和區中安街七二號十三樓
　　　　　電話：02-2923-1455／傳真：02-2923-1452
網　　址　http://www.huamulan.tw 信箱 hml 810518@gmail.com
印　　刷　普羅文化出版廣告事業
初　　版　2019 年 3 月
全書字數　221694 字
定　　價　二一編 49 冊（精裝）台幣 122,000 元　　　　版權所有·請勿翻印

明代北直隸城市平面形態與建築規制研究(下)

包志禹　著

目

次

第 5 章　明代北直隸府州縣壇壝

5.1　概述

壇是一種祭祀空間，壝是祭壇四周的牆垣。左祖右社的「社」即是社稷壇，是中國古代最重要的壇壝之一。按照中國古代祭祀空間的類型來劃分，臺而不屋爲壇，設屋而祭爲廟。壇壝之稱，始見於周代史籍，《周禮·天官冢宰》：「掌舍掌王之會同之舍。設梐枑再重。設車宮轅門，爲壇壝，宮棘門，爲帷宮，設旌門。無宮，則共人門。凡舍事，則掌之。」〔註1〕據《逸周書·作雒》：「封人社壝，諸侯受命於周，乃建大社於國中，其壝東青土，南赤土，西白土，北驪土，中央釁以黃土，將建諸侯，鑿取其方一面之土，燾以黃土，苴以白茅，以爲社之封，故曰：受列土於周室。」〔註2〕《儀禮·聘禮》：「爲壝壇，畫階，帷其北，無宮。」〔註3〕

與古代單體建築（如太和殿）和建築群（如故宮）形制、工藝的眾多研究相比，學術界對於壇壝制度的探討並不多見。壇壝制度不僅牽涉史學的問題，還牽涉禮學自身的問題，而禮學屬於專門之學。故欲對壇壝制度進行探究，必須將史學、禮學、建築學三者貫通，加上存世的實物寥寥，這些大概是導致壇壝制度研究不多見的主要原因。

本章從建築與城市規劃的角度，研究政治和禮制如何影響了明代北直隸府州縣的壇壝制度，即社稷壇、山川壇、厲壇的形制與城市格局的關係，意在揭示或靠近一個明代城市營建體系的局部事實，還原一些建築歷史的概貌

〔註1〕　天官冢宰第一，十三經注疏·周禮注疏：卷一，北京：北京大學出版社，1999：145。
〔註2〕　逸周書·作雒解第四十八。
〔註3〕　聘禮第八，十三經注疏·儀禮。

和細節。如果僅就明朝一代爲研究時段的話，不太容易看出期間的變化或者會忽略其中的某些變化，所以和第三章的衙署研究一樣，在檢視明代壇墠之前，有必要先考察一下元代的情形。

5.2　元代壇墠之制

　　元代都城壇墠的建築規制以《元史》所載較爲具體，而元代地方壇墠的研究則主要依據以元代方志爲中心的古代文獻。元世祖忽必烈於至元二十三年（1286 年）命大學士札馬剌丁，會同奉直大夫秘書少監虞應龍修《大元大一統志》，已是定型方志，後朝逐漸散佚；今人趙萬里又以《元史‧地理志》爲綱，將元刻殘帙、各家抄本與群書所引，匯輯爲一書，分編十卷，題爲《元一統志》〔註4〕，但是遍查，未見有關壇墠的記載。許多元代方志均已散失，現僅見存的 140 餘種元代方志，所輯元代壇墠材料碎璧零璣，或語焉不詳，如《大德昌國州圖志》〔註5〕，或全無記載，如《至正崑山郡志》〔註6〕、《無錫志》〔註7〕、《齊乘》〔註8〕與輯自《永樂大典》的元代《河南志》〔註9〕等，因此難以窺其全貌。

5.2.1　元代府州縣壇墠之形制藍本——元大都

5.2.1.1　元大都太社稷壇

　　我們知道，中國古代建築的規制等級森嚴，地方府州縣一級的壇墠基本上只有社壇、稷壇、風壇、雨壇、雷師壇五種，大體上都以首都爲參考藍本。先來考察一下國家最高等級的元大都壇墠——太社稷壇，以及東北郊風師壇和西南郊雨、雷師壇；而元大都南郊圓丘壇、北郊方丘壇、東郊先農壇與先蠶壇等則暫略。

〔註 4〕〔元〕札馬剌丁、虞應龍編纂，《元一統志》，趙萬里校輯，北京：中華書局，1966。

〔註 5〕〔元〕馮福京修，郭薦纂，《大德昌國州圖志》，元大德二年（1298 年）修。

〔註 6〕〔元〕楊譓纂，《至正崑山郡志》，上海：上海古籍出版社，1995 年影印本。

〔註 7〕〔元〕佚名纂修，《無錫志》，載於：中華書局編輯部編，《宋元方志叢刊》第6 冊，北京：中華書局，1990。

〔註 8〕〔元〕于欽纂修，《齊乘》，元至元五年（1268）修，至正十一年（1351）刻梓。

〔註 9〕〔元〕《河南志》，清代徐松輯自《永樂大典》，中華書局編輯的《宋元方志叢刊》收錄清光緒三十四年（1908 年）《藕香零拾》本，1990 年出版。

　　元代太社太稷作爲一種禮制，在至元七年（1270 年）十二月確立。〔註 10〕大都城內曾在和義門（今北京西直門）內建太社稷壇，和義門爲大都城的西門，其內立社稷壇，與「左祖右社」的規制相符。其中，作爲一朝之規的太社稷壇具體建築形制的確立時間，《元史》的兩則記載有出入，前後相差約六個月。

　　第一則爲《元史・本紀第十七》至元二十九年（1292 年）秋七月：

　　　　壬申，建社稷和義門內，壇各方五丈，高五尺，白石爲主，飾以五方色土，壇南植松一株，北墉瘞坎壝垣，悉仿古制，別爲齋廬，門廡三十三楹。〔註 11〕

　　第二則爲《元史・志第二十七・祭祀五・太社太稷》至元三十年（1293 年）正月：

　　　　始用御史中丞崔彧言，於和義門內少南，得地四十畝，爲壝垣，近南爲二壇，壇高五丈（疑應作尺），方廣如之。社東稷西，相去約五丈。社壇土用青赤白黑四色，依方位築之，中間實以常土，上以黃土覆之。築必堅實，依方面以五色泥飾之。四面當中，各設一陛道。其廣一丈，亦各依方色。稷壇一如社壇之制，惟土不用五色，其上四周純用一色黃土。壇皆北向，立北墉於社壇之北，以磚爲之，飾以黃泥；瘞坎二於稷壇之北，少西，深足容物。〔註 12〕

　　其具體形制爲：

　　　　二壇周圍壝垣，以磚爲之，高五丈，廣三十丈，四隅連飾。內壝垣櫺星門四所，外垣櫺星門二所，每所門二，列戟二十有四。外壝內北垣下屋七間，南望二壇，以備風雨，曰望祀堂。堂東屋五間，連廡三間，曰齊班廳。廳之南，西向屋八間，曰獻官幕。又南，西向屋三間，曰院官齋所。又其南，屋十間，自北而南，曰祠祭局，曰儀鸞庫，曰法物庫，曰都監庫，曰雅樂庫。又其南，北向屋三間，曰百官廚。外垣南門西壝垣西南，北向屋三間，曰大樂署。其西，東向屋三間，曰樂工房。又其北，北向屋一間，曰饌幕殿。又北，南向屋三間，曰

〔註 10〕　《元史》志第二十七，祭祀五，太社太稷：「至元七年十二月，有詔歲祀太社太稷。」北京：中華書局，1976：1879。

〔註 11〕　《元史》卷十七，本紀第十七，世祖十四，至元二十九年秋七月壬申條。北京：中華書局，1976：365。

〔註 12〕　《元史》卷七十六，志第二十七，祭祀五，太社太稷，北京：中華書局，1976：1879～1880。

饌幕。〔註13〕又北稍東，南向門一間。院內南，南向屋三間，曰神廚。東向屋三間，曰酒庫。近北少卻，東向屋三間，曰犧牲房。井有亭。望祀堂後自西而東，南向屋九間，曰執事齋廊房。自北折而南，西向屋九間，曰監祭執事房。此壇壝次舍之所也。〔註14〕

　　上述引文中描述的元代太社稷壇「高五丈」，從下面兩條史料來看度似乎應該是「高五尺」，也似更符合建築形態：其一，《元史》卷七十六描述先農壇先蠶壇稱「博士議：二壇之式與社稷同，縱橫一十步，高五尺」〔註15〕；其二，《永樂大典》卷20424錄《太常集禮》稱「壇之制，高五尺，方廣十之。」依照「地四十畝」計，則基址規模為40畝×240步／畝＝9600步的範圍，倘若折合成正方形，則為98步見方的範圍（圖5.1）。

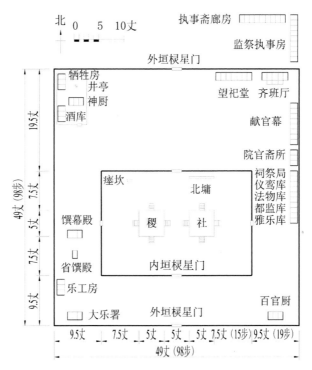

圖5.1　元代太社稷壇復原推測平面圖（資料來源：作者自繪）

〔註13〕 下文緊接有饌幕殿與省饌殿，《元史》卷七十二郊祀壇壝之制，卷七十四宗廟廟制，亦有饌幕殿與省饌殿，均與此不合。《永樂大典》卷20424錄《太常集禮》稱「北向，曰省饌，設一間。由南，東向，曰樂工房，三間。門北，南向，曰饌幕殿，三間。」因此此處「饌幕殿」當作「省饌殿」，「饌幕」當作「饌幕殿」。

〔註14〕 同上，第1879頁。

〔註15〕 同上，第1891頁。

5.2.1.2　元大都郊壇

1. 南郊圓丘壇

元代的郊祀分南郊與北郊，在立壇擇地、版位器物等事項上頗費思量，極其講究。南郊壇屬陽，擇地「國陽麗正門東南七里」是深思熟慮的結果，在禮儀上符合乾數用七之義。下文將要論述的元代北郊壇屬陰，「擬取坤數用六之義，去都城北六里」。南郊祭祀是在檢視了唐、宋、金等舊朝禮制的基礎上，自至元十二年（1275 年）十二月，於「國陽麗正門東南七里建祭臺，設昊天上帝、皇地祇位二，行一獻禮。自後國有大典禮，皆即南郊告謝焉。」〔註16〕這個時候，還沒有出現祭壇。

祭壇的實物形式始於至元三十一年（1294 年），「成宗即位。夏四月壬寅，始爲壇於都城南七里。」〔註17〕元大都南郊壇的具體形制出現在大德九年（1305 年），南郊壇雖合祭天地，但其制卻完全採用天壇形式：

> 集議曰：「《周禮》，冬至圜丘禮天，夏至方丘禮地，時既不同，禮樂亦異。王莽之制，何可法也。今當循唐、虞、三代之典，惟祀昊天上帝。其方丘祭地之禮，續議以聞。」按《周禮》，壇壝三成，近代增外四成，以廣天文從祀之位。集議曰：「依《周禮》三成之制。然《周禮》疏云每成一尺，不見縱廣之度。恐壇上狹隘，器物難容，擬四成制內減去一成，以合陽奇之數。每成高八尺一寸，以合乾之九九。上成縱廣五丈，中成十丈，下成十五丈。四陛，陛十有二級。外設二壝，內壝去壇二十五步，外壝去內壝五十四步，壝各四門。壇設於丙巳之地，以就陽位。」〔註18〕

由此推知，元代南郊祭壇爲三層圓丘，上層直徑 5 丈，中層 10 丈，下層 15 丈，每層高 8.1 尺（0.81 丈），總高 2.43 丈。每層臺階爲 12 級，則每級高爲 0.81 丈／12。內壝距離壇 25 步（12.5 丈），以下層壇直徑 15 丈計，則內壝直徑 40 丈（80 步），內壝之內的面積合 20.94 畝。外壝距離內壝 54 步，則外壝邊長 188 步（94 丈），合外壝之內的面積合 147.3 畝。

〔註16〕《元史》卷七十二，志第二十三，祭祀一，郊祀上，北京：中華書局，1976：1783。

〔註17〕《元史》卷七十二，志第二十三，祭祀一，郊祀上，北京：中華書局，1976：1783。

〔註18〕《元史》卷七十二，志第二十三，祭祀一，郊祀上，北京：中華書局，1976：1783。

　　但是，這個外壇147.3畝卻與《元史》所載的南郊壇壝308畝之數頗有出入，原因在於外壇之外尚有其他與郊祀有關的建築物：

　　　　壇壝：地在麗正門外丙位，凡三百八畝有奇。壇三成，每成高八尺一寸，上成縱橫五丈，中成十丈，下成十五丈。四陛午貫地子午卯酉四位陛十有二級。外設二壝。內壝去壇二十五步，外壝去內壝五十四步。壝各四門，外垣南欞星門三，東西欞星門各一。圜壇周圍上下俱護以甓，內外壝各高五尺，壝四面各有門三，俱塗以赤。至大三年（1310年）冬至，以三成不足以容從祀版位，以青繩代一成。繩二百，各長二十五尺，以足四成之制。燎壇在外壝內丙巳之位，高一丈二尺，四方各一丈，周圍亦護以甓，東西南三出陛，開上南出戶，上方六尺，深可容柴。香殿三間，在外壝南門之外，少西，南向。饌幕殿五間，在外壝南門之外，少東，南向。省饌殿一間，在外壝東門之外，少北，南向。〔註19〕

　　外壝之外除了饌幕殿、香殿、省饌殿之外，還有與祭祀相關的一系列齋房、庫房等次舍建築和別院：

　　　　外壝之東南為別院。內神廚五間，南向；祠祭局三間，北向；酒庫三間，西向。獻官齋房二十間，在神廚南垣之外，西向。外壝南門之外，為中神門五間，諸執事齋房六十間以翼之，皆北向。兩翼端皆有垣，以抵東西周垣，各為門，以便出入。齋班廳五間，在獻官齋房之前，西向。儀鑾局三間，法物庫三間，都監庫五間，在外垣內之西北隅，皆西向。雅樂庫十間，在外垣西門之內，少南，東向。演樂堂七間，在外垣內之西南隅，東向。獻官廚三間，在外垣內之東南隅，西向。滌養犧牲所，在外垣南門之外，少東，西向。內犧牲房三間，南向。

　　雖然有了這樣一個詳細的描述，但是要想繪製出元代南郊圜丘壇壝的原樣，依然存在許多不確定因素。由於外壝之外的建築物比較多，因此南北長東西短的基地範圍可能性比較大（圖5.2）。

〔註19〕《元史》卷七十二，志第二十三，祭祀一，郊祀上，北京：中華書局，1976：1793。

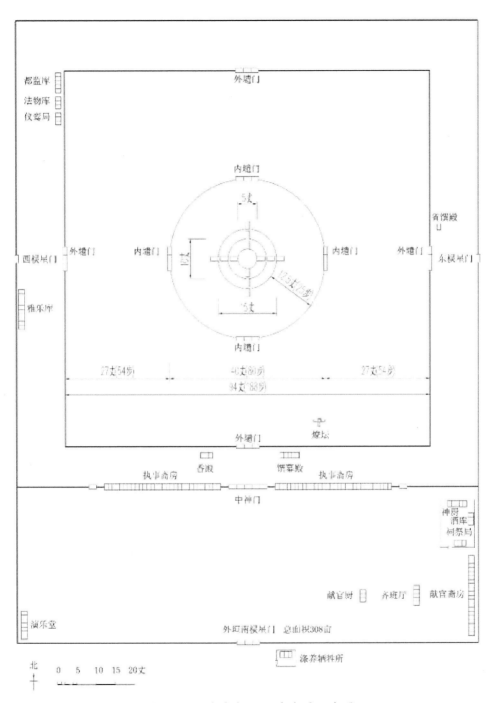

圖 5.2 元代南郊圓丘壇復原示意圖

（資料來源：自繪）

2. 北郊方丘壇

元代曾經在至大三年（1310 年）春正月，由中書禮部牽頭，太常禮儀院具體負責，探討設立北郊方丘壇壇的建議〔註 20〕，同年「秋九月，太常禮儀院復下博士，檢討合用器物」〔註 21〕，但議而未決，到了仁宗延祐元年（1314年）夏四月丁亥，「北郊之議遂輟」〔註 22〕，被擱置起來了。具體的形制如下：

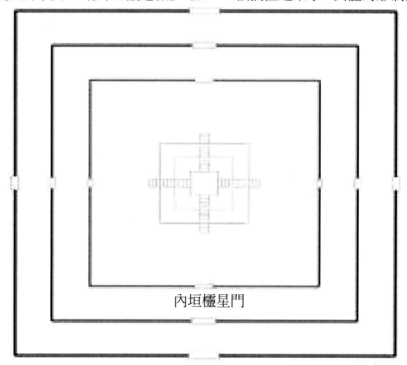

內垣欞星門

圖 5.3　元代北郊方丘壇復原示意圖（資料來源：自繪）

按方丘之禮，夏以五月，商以六月，周以夏至，其丘在國之北。禮神之玉以黃琮，牲用黃犢，幣用黃繒，配以后稷。其方壇之制，漢去都城四里，爲壇四陛。唐去宮城北十四里，爲方壇八角三成，每成高四尺，上闊十六步，設陛。上等陛廣八尺，中等陛一丈，下等陛廣一丈二尺。宋至徽宗始定爲再成。歷代制雖不同，然無出於三成之式。今擬取坤數用六之義，去都城北六里，於壬地選擇善地，

〔註 20〕《元史》卷七十二，志第二十三，祭祀一，郊祀上，北京：中華書局，1976：1784。

〔註 21〕同上。

〔註 22〕同上。

於中爲方壇，三成四陛，外爲三壝。仍依古制，自外壝之外，治四
面稍令低下，以應澤中之制。宮室、牆圍、器皿色，並用黃。其再
成八角八陛，非古制，難用。其神州地祇以下從祀，自漢以來，歷
代制度不一，至唐始因隋制，以嶽鎮海瀆、山林川澤、丘陵墳衍原
隰，各從其方從祀。今盍參酌舉行。〔註 23〕

上述引文說明，設想中的元代北郊壇在考證了夏商周漢唐宋方丘之禮之
後，意欲一改唐宋方丘壇八角八陛的做法，而採用三重、四陛、三壝、黃色
的方壇形制（圖 5.3）。

3. 東郊先農壇與先蠶壇

先農作爲元代的一種禮制，自「至元九年（1272 年）二月，始祭先農如
祭社之儀」〔註 24〕；至元十三年（1276 年）二月，定其方位「祀先農東郊」。
〔註 25〕最初並不是由皇帝親耕籍田享祀神農，而是由蒙古貴族代耕。元大都
先農、先蠶二壇在籍田中，武宗至大三年（1310 年）建〔註 26〕：

從大司農請，建農、蠶二壇。博士議：二壇之式與社稷同，縱
廣一十步，高五尺，四出陛，外壝相去二十五步，每方有欞星門。
今先農、先蠶壇位在籍田內，若立外壝，恐妨千畝，其外壝勿築。
是歲命祀先農如社稷，禮樂用登歌，日用仲春上丁，後或用上辛或
甲日。〔註 27〕

《元史‧河渠志一》載：至元二十九年（1292 年）鑿大都通惠河以利漕
運，其中「籍東閘二，在都城東南王家莊。」〔註 28〕籍東閘，即以其在籍田
之東而得名。成宗元貞元年（1295 年）「籍東閘改名慶豐」。〔註 29〕《析津志》
載「慶豐閘二，在籍田東」。〔註 30〕慶豐閘在今北京東便門外朝陽區廠坡村。

〔註 23〕《元史》卷七十二，志第二十三，祭祀一，郊祀上，北京：中華書局，1976：
1784。
〔註 24〕文淵閣《四庫全書》經部，禮類，通禮之屬，《五禮通考》卷一百二十五，第
23 頁。
〔註 25〕同上。
〔註 26〕《元史》卷七十六，志第二十七，祭祀五，太社太稷，北京：中華書局，1976：
1891。
〔註 27〕同上。
〔註 28〕清文淵閣《四庫全書》版，《元史》卷六十四，志第十六，河渠一，第 4 頁。
〔註 29〕同上。
〔註 30〕〔元〕熊夢祥撰，北京圖書館善本組輯，析津志輯佚，北京：北京古籍出版社，
1983：95。

據此，元大都籍田當在今北京東便門與廠坡村之間，亦即大都城東南，此即元大都先農、先蠶二壇處址。

元代東郊先農壇、先蠶壇規制與社稷二壇相同。因建於千畝籍田中，恐妨耕作，所以不設外壝（圖5.4），是比較少見的只設壇而沒有壝的例子。

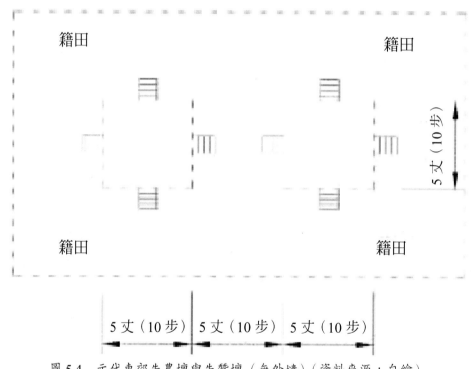

圖 5.4　元代東郊先農壇與先蠶壇（無外壝）（資料來源：自繪）

4. 東北郊風師壇和西南郊雨、雷師壇

元世祖至元初年，無風雨雷師壇之制。自至元七年（1270年）十二月，大司農請於立春後丑日祭風師於大都東北郊；立夏后申日，祭雨、雷師於大都西南郊。〔註31〕元仁宗延祐五年（1318年），「乃即二郊定立壇壝之制，其儀注闕」〔註32〕，也就是在大都東北郊和西南郊分建風師壇和雨、雷師壇，儀制已經闕如不詳。至此，元大都壇壝的布置方位基本清楚。

〔註31〕《元史》卷七十六，志第二十七，祭祀五，太社太稷，北京：中華書局，1976：1901。
〔註32〕《元史》卷七十六，志第二十七，祭祀五，太社太稷，北京：中華書局，1976：1901。

5.2.2　元代府州縣壇壝之制

5.2.2.1　元代府州縣壇壝定制時間

　　地方府州縣一級的政府祭祀社、稷、風、雨、雷神，歷代是禮儀制度的一部分，元代亦有相應的壇壝規制。元代是三級或四級的行政區劃系統，而且以行省—路—府或州—縣四級區劃系統爲主，有相當數量的府、州成爲直隸府、直隸州，與路並列。《元史》所描述的頒立社稷壇壝儀式的時間，諸路早於郡縣約 5 年餘，似乎含有路社稷與郡縣社稷分作不同等級的痕跡，以元大都太社稷壇爲藍本：

　　　　至元十（一）年（1274）〔註33〕八月甲辰朔，頒諸路立社稷壇
　　　壝儀式。十六年（1279 年）春三月，中書省下太常禮官，定郡縣社
　　　稷壇壝、祭器制度、祀祭儀式，圖寫成書，名《至元州郡通禮》。元
　　　貞二年（1296 年）冬，復下太常，議置壇於城西南二壇，方廣視太
　　　社、太稷，殺其半。壺尊二，籩豆皆八，而無樂。牲用羊豕。餘皆
　　　與太社、太稷同。〔註34〕

　　對比《元史・本紀第十》至元十六年三月甲戌：「中書省下太常寺講究州郡社稷制度，禮官折衷前代，參酌《儀禮》，定擬祭祀儀式及壇壝祭器制度，圖寫成書，名曰《至元州縣社稷通禮》，上之」〔註35〕，可以推定《至元州郡通禮》與《至元州縣社稷通禮》是同一本書。

　　值得注意的是上文的「至元十年」和「至元十六年」，分別只是元代路社稷與郡縣社稷作爲一種禮制所設立的年代，並不是其具體建築形制的確立年代，因爲當時還沒有出現作爲太社稷壇建築規制的實物形象，地方建置無從參考。無論太社稷壇建於至元二十九年還是至元三十年，地方社稷壇建築形制的確立時間必定要晚於它們，否則無所依循。也就是說，元代至元朝並沒有確定地方社稷壇建築形制，諸如方位、尺寸、社主、色彩、壇飾、燎壇、瘞坎、植物等的具體細節，其定型時間是元貞朝的第二年（1296 年）冬，至

〔註33〕　此處修訂依據：《元史》本紀第八，世祖五，至元十一年八月甲辰朔條「頒諸
　　　　路立社稷壇壝儀式」。至元十年八月庚戌朔，無甲辰日。至元十一年八月甲辰
　　　　適爲朔日。
〔註34〕　《元史》卷七十六，志第二十七，祭祀五，郡縣社稷，北京：中華書局，1976：
　　　　1901。
〔註35〕　《元史》卷十，本紀第十，世祖七，十六年三月甲戌。北京：中華書局，1976：
　　　　211。

少晚於太社稷壇始建之後的三年，《明集禮》云：「元製成宗元貞二年始定州郡通祀社稷之制」。〔註36〕如果元代地方州縣在至元朝有社壇稷壇，大體是沿用宋代遺存。

　　元代嘉興路的情形可證實這一點。《至元嘉禾志》始修於至元十一年（1274年），二十五年（1288年）刊行，其中第二卷《城社》描述的嘉興路社壇與松江府社壇均在縣西北，不在西南郊；風伯雷雨師壇除了崇德縣（今浙江桐鄉崇福鎮）之外，似都未設（表5.1）。〔註37〕其中所敘崇德縣的壇墻甚詳：

　　　　縣社壇在縣西二百步，入門而南有齋廳三楹，廳之南五壇，壇
　　　　各有三級。風伯雷雨師。繞之以牆。廳值災。政和間重修社壇碑記
　　　　磨滅幾不可讀，大率全備敕牒之語，敕牒則盡述江東提舉沈延嗣奏
　　　　請之辭，當時按式圖鏤版行下，故式圖刻在碑首。歷年雖久，壇制
　　　　如式。〔註38〕

上文描述崇德縣社壇、稷壇、風伯壇、雨師壇、雷師壇同處一院，從北面入口，五壇在南，齋廳在其北，有碑一通，記載了宋代曾頒佈社壇圖於各地，而且刻在碑首，至元年間修《至元嘉禾志》期間所見「壇制如式」，即為宋代之制。

表5.1　至元二十五年（1288年）嘉興路壇墻

	嘉興路	松江府	嘉興縣	海鹽縣	崇德縣
社壇	舊經云子城西北一里八十步，今在澄海門	府社壇舊為縣社，在華亭縣西北二里	今止存敗屋，為鋪軍所據	社壇在縣西南半里	在縣西二百步
風雨雷師壇					在社壇內

（資料來源：《至元嘉禾志》，卷第二《城社》，第1～4頁。表中空格表示地方志未記載）

5.2.2.2　元代府州縣壇墻基址規模

至於路社稷壇與郡縣社稷壇兩級之間的建築形制區別是否存在，目前還

〔註36〕〔清〕文淵閣《四庫全書》本，《明集禮》卷十：第16頁。

〔註37〕《至元嘉禾志》，〔元〕單慶修，徐碩纂，至元二十五年（1288年）刊行，卷第二《城社》，第1～4頁。中華書局編輯部編，《宋元方志叢刊》第5冊，北京：中華書局，1990：4423～4424。

〔註38〕同上：4424。

不太清楚。按照「方廣視太社、太稷，殺其半」來計算，那麼郡縣社稷壇的尺寸是方 2.5 丈，高 2.5 尺，基址規模則相當於太社稷壇的四分之一，也就是 10 畝左右，方位在城市西南角，與「左祖右社」相符。

元代至正四年（1344 年）纂修的《至正金陵新志》〔註39〕記載集慶路（今南京）府社壇：「置南郊城南門外越城之後，卜地十畝有奇，周築垣牆」，其基址正符合 10 畝之數。那麼，各地的實際情形又是如何呢？以下是按元代地方志成書年份排序的一些實例。

1. 元代廣州路。據《大德南海志》〔註40〕，大德八年（1304 年）廣州路遷社稷壇於州之西南郊，並且當年設立風師壇雨師雷師壇，可見大德八年之前的廣州路壇壝並不完備，而且社稷壇不在西南郊，不符合《大德南海志》中描述的改國號爲元的至元八年（1271 年）下詔「春秋二月仲戊日祭社稷於西南郊，立春後丑日祭風師於東北郊，立夏后申日祭雨師雷師於東南郊」之制。而廣州路所領七縣中的東莞、增城、新會、香山、清遠五縣尚未建置新社稷壇，風師壇雨師雷師壇亦均不見記載，也是建置未備（表 5.2）。

表 5.2　大德八年（1304 年）廣州路州縣壇壝

	廣州路	南海縣	番禺縣	東莞縣	增城縣	新會縣	香山縣	清遠縣
社壇	當年(大德八年)遷社稷壇於州之西南郊	舊社稷壇在蘭湖之上，新社稷壇附於本路	舊社稷壇在縣治東南一里，新社稷壇附於本路	舊社稷壇在縣西三里，新社稷壇（闕，餘同）	舊社稷壇在縣西北巡檢寨前，新社稷壇	舊社稷壇，新社稷壇	舊社稷壇在縣東半里，新社稷壇	舊社稷壇在縣西一里，新社稷壇
風雨雷師壇	風師壇於東北郊，雨師雷師壇於西南郊							

（資料來源：《大德南海志》卷第八，《社稷壇壝》，第 1～2 頁）

2. 元代鎮江府。元至順三年（1332 年）纂修的《至順鎮江志》卷十三《壇壝》引述了宋代《侯國通祀儀禮》的壇壝制度：

> 社方二丈五尺，高三尺，四出陛，稷在西，如社之制。社以石爲主，其形如鍾，長二尺五寸，廣一尺，剡其上培其下，稷壇

〔註39〕　〔元〕張鉉撰，《至正金陵新志》，卷十一上《社稷》：第 6 頁。

〔註40〕　《大德南海志》，元大德八年（1304）修，陳大震，呂桂孫撰，卷第八，社稷壇壝：第 1～2 頁。

如社壇之制，同一壇二十五步，風師置於社稷之東，雷師在社稷之西南，雨師又在其西，各稍北並卑小於社，四出陛，四門皆一壇二十五步，雨師雷師壇同一壇。燎壇於神壇左壇之外，稍高於神壇。〔註41〕

又援引成書於英宗至治三年（1323年）的《大元通制》：

又按《通制》，春秋二月仲月上戊日祭大社大稷於西南郊，立春後丑日祭風師於東北郊，立夏后申日祭雨師雷師於西南郊。社稷立壇於西南，度地之宜，方二丈五尺，高三尺，四出陛，三等築垣，爲四門，社在東稷在西。其石主之長二尺廣一尺，剡其上培其下，壇南栽栗以表之，或又各用其土所宜之木。〔註42〕

而後，列出鎮江府州縣壇壝情形（表5.3）：

表5.3 元至順三年（1332年）鎮江府州縣壇壝

	鎮江府	丹徒縣	丹陽縣	金壇縣
社稷壇	社稷神雷雨師並仁和門外西南郊	附郭，不置	在縣治西南一里	在梓墟門外二百步
風雨雷師壇	在定波門外東北郊		縣東北五十步	缺

（資料來源：《至順鎮江志》，卷十三《壇壝》，第7頁下）

3. 元代四明（約爲今寧波市）。〔註43〕昌國州（今浙江舟山市定海區），元代大德年間隸屬於慶元路總管府，大德二年（1298年）七月成書的《大德昌國州圖志》只記載了壇壝在城市中的方位，僅有「社稷壇在西門外去州一百步」〔註44〕之語。元代延祐七年（1320年）纂修的《延祐四明志》卷十五

〔註41〕《至順鎮江志》，元至順三年（1332年）修，脫因修，俞希魯纂，卷十三《壇壝》：第6頁。又載於：中華書局編輯部編，《宋元方志叢刊》第3冊，北京：中華書局，1990：2791～2792。

〔註42〕《至順鎮江志》卷十三《壇壝》，第7頁下。

〔註43〕四明，唐爲鄞州，明州，又爲餘姚郡。因境內有四明山，故因山爲名，約爲今寧波市。《元史》卷六十二，志第十四，地理五（北京：中華書局，1976：1496）：「元至元十三年（1276），改置宣慰司，十四年，改爲慶元路總管府。戶二十四萬一千四百五十七，口五十一萬一千一百一十三。領司一、縣四、州二。」四縣爲鄞縣、象山縣、慈谿縣、定海縣；二州爲奉化州、昌國州。至元十二年（1275），元兵平宋都臨安，以其地置江浙行省，改府爲路，罷制置使立浙東道宣慰使司。

〔註44〕《大德昌國州圖志》，〔元〕馮福京修，郭薦纂，元大德二年（1298年）修，第一卷，第5頁。

《祠祀考・社稷壇》也只記載了壇壝的方位，並沒有描述壇壝具體形制，而且半數以上的州縣沒有設立風雨雷師壇（表 5.4）〔註 45〕：

表 5.4　元延祐七年（1320 年）慶元路總管府州縣壇壝

	慶元路總管府	鄞縣	奉化州	昌國州	定海縣	慈谿縣	象山縣
社壇	舊在子城西南一里，所謂社壇橋是也，宋亡社廢。元改建，今在鄞縣城西隅大鄉橋	附郭，未建	在州之西南二百步	在州西門外，去州一百步	在縣西南郊	在縣西南郊	在縣西二百步
風雨雷師壇	今在鄞縣甬東隅	附郭，未建	雷雨師壇置於社稷壇內，風師壇在州東北五里	未建	宋附東海王廟	未建	未建

（資料來源：《延祐四明志》，卷十五《祠祀考・社稷壇》，第 1〜2 頁）

時隔 22 年之後的順帝至正二年（1342 年），《至正四明續志》成書，其第九卷《祠祀・社稷壇》載：

> 風師箕星也，雨師畢星也。社稷自天子之都至於國裏通得祭，而風雨師唐以來諸郡始得祀，若雷師則又唐制，與雨師同壇共牲而祀者也。……謹按，大元通制，春秋二月仲戊日祭社稷於西南郊，立春後丑日祭風師於東北郊，立夏后申日祭雨師雷師於東南郊。社稷壇於城西南，度地之宜，方二丈五尺，高三尺，四出陛，三等築垣，爲四門，於內社東稷西。〔註 46〕

這段文字屢屢上溯唐制，並非偶然。元代大德九年（1305 年）七月，中書省研究祭祀禮儀之際提出：「合行禮儀，非草創所能備。唐、宋皆有攝行之禮，除從祀受胙外，一切儀注，悉依唐制修之。」〔註 47〕真正令人不解的是，雖然同樣引自《大元通制》，但關於祭祀雨師雷師的方位「東南郊」卻和《至順鎮江志》的「西南郊」之說不同；其中「風師箕星，雨師畢星」體現了將風神雨神與星宿對應的傳統崇拜觀念，因此才有各自在城市中對應的方位布局，或許實際上的情形並不統一。

〔註 45〕《延祐四明志》，元延祐七年（1320 年）修，〔元〕袁桷撰，卷十五《祠祀考・社稷壇》，第 1〜2 頁。

〔註 46〕《至正四明續志》，〔元〕王元恭撰，第九卷《祠祀・社稷壇》，第 1〜2 頁。

〔註 47〕《元史》卷七十二，志第二十三，祭祀一，郊祀上，北京：中華書局，1976：1783。

5.2.2.3　元代府州縣壇壝具體形制

　　從《至順鎮江志》和《至正四明續志》可以看出，《大元通制》和宋代《侯國通祀儀禮》中關於社稷壇規制是一致的，也和北宋《政和五禮新儀‧卷首》記載的「元豐八年（1085 年）十二月四日勅重修諸州社壇，方二丈五尺，注云壇壝步如不及，量宜爲之」〔註48〕一致，卻比《政和五禮新儀‧卷一》規定的州縣社稷壇「方二丈」要大五尺〔註49〕，從朱熹《答社壇說》一文判斷，此處「方二丈」疑是「方二丈五尺」之誤，其餘相同。

　　事實上，上述文字並未悉數闡明州縣壇壝的規制細則，譬如基址大小、垣壝尺寸等問題。《至正四明續志》特意稽輯了宋代朱熹《答社壇說》一文，「以備考訂」〔註50〕元代州縣壇壝——值得注意的是，借用前朝宋代的著述來說明後朝元代的一種具體禮制，更是宋元州縣壇壝一脈相承的一個注腳。朱熹《答社壇說》一文是這樣解釋宋代《政和五禮新儀》州縣社壇之制的：

> 淳熙中曾有印本，頒行州郡法司必有之，可更檢看。又以行事儀考之，二壇東西相併坐南向北。社壇石主在壇上之南方。北門壝外空地須令稍寬，可容獻官席位。空地之北，乃作齋廳，以備風雨，設獻官位，獻官南向行事。

> 　州縣社壇方二丈五尺，四步今每步六分之一。凡言方者，皆徑也。此言方二丈五尺者，從東至西二丈五尺，從南至北二丈五尺也。後段壝內二十五步其說亦然。高三尺。既言壇高三尺，又言壇分三級，則是以一尺爲一級也。四出陛。此陛之級即壇之級也，但於四面陛之兩傍各以石砌作慢道隔斷，使其中爲陛級、外爲壇級可也。……四門同一壝二十五步。壝方二十五步者，亦是徑二十五步，謂從東至西二十五步，從南至北二十五步，以丈計之，六尺爲步，則爲十五丈也。四角築土爲壝，高三尺許，使壇上與齋廳相望得見。壝上不用瓦蓋，但

〔註48〕〔清〕文淵閣《四庫全書》本，《政和五禮新儀》，卷首：第 50 頁。

〔註49〕〔清〕文淵閣《四庫全書》本，《政和五禮新儀》，卷一，第 6～7 頁：「州縣社壇。方二丈，高三尺，四出陛，稷壇如社壇之制，四門同一壝二十五步，社以石爲主，其形如鍾，長二尺五寸，方一尺，剡其上，培其下半，壇飾各隨方色，上冒以黃金。風師雨師雷神壇，皆卑小於社，四出陛，四門皆一壝二十五步。燎壇於神壇之左壝之外，稍高於神壇。瘞坎於壇之北壬地，南出陛，方深取足容物。雨師雷神壇外一壝。」

〔註50〕《至正四明續志》，第九卷《祠祀‧社稷壇》，第 2 頁：「社稷壇其制一也，稽以朱文公之說尤爲詳明，因輯其言以備考訂。」

以磚兩面砌之，使其走水，尤爲堅固。四門當中開門，古法不言闊狹，恐須闊一丈餘，庶幾行禮執事之人往來寬展，不相妨礙。兩旁各立一華表，高一丈許，上以橫木貫之，如門之狀。華表於禮無文，但見州縣有如此者，或恐易得損壞，不作亦得。請更依此步數丈數界作方眼，中間以紙剪作兩壇貼之，便見四面壇腳取壇丈數。但壇面二丈五尺。乃最上一級之數。下面更兩級。一級須展一尺。即壇腳須徑二丈九尺。壇飾。古者社稷不屋，有明文。不用磚砌，無所考，然亦不言磚砌者，中原土密，雖城壁亦不用磚。今南方土疏，不砌恐易壞。赤土飾之又恐僭於郊壇，不可用也。〔註51〕

　　瘞坎於壇之北壬地，南出陛，方、深取足容物。瘞坎在壇之北壬地，即是合在北壝門內兩壇邊，各於中央下日隔取壬地，各用磚石砌作一小天井，深闊三四尺許，其南作踏道上下。閒時以土實之，臨祭即令人取去土，掃令潔淨。祭畢即使人持幣及祝版之屬從踏道下，送入坎中，然後下土築實，依條差人守視。〔註52〕

朱熹在文末寫道「尺。壇壝等亦是禮制，當用古尺，不當用今尺。」〔註53〕對比下列兩則宋代都城風師壇的史料：《政和五禮新儀》「風師壇高四尺，東西長四步三尺，南北長四步二尺，雨師壇高三尺，方丈九尺，此國朝都城之制也，郡縣依仿此制則爲不倫，且社稷土示也宜有瘞坎，風師等天神也宜建燎壇」〔註54〕，《宋史》「舊制，風師壇高四尺，東西四步三尺，南北減一尺。皇祐定高三尺，周三十三步。……政和之制，風壇廣二十三步」〔註55〕，可知此處宋代實施的度量衡是一步爲五尺，而不是朱熹所強調的「六尺爲步」。據吳承洛《中國度量衡史》的「元代度量衡，籍無紀載，其所用之器，必一仍宋代之舊。而元代度量衡制度，即謂爲宋制，自無不可」〔註56〕之語或許可以作爲上述情形的一個注解。此外，宋代都城雨師壇、雷師壇的尺度爲「高三尺，方一丈九尺。皇祐定周六步。政和之制，……

〔註51〕 朱熹，《晦庵先生朱文公文集》卷六十八《答社壇說》，上海：上海古籍出版社，合肥：安徽教育出版社，2002：3323～3324。
〔註52〕 同上，3325。
〔註53〕 同上，3326。
〔註54〕 〔清〕文淵閣《四庫全書》本，《政和五禮新儀》，卷首：第52頁。
〔註55〕 《宋史》卷一百三，志第五十六，禮六，吉禮六，北京：中華書局，1977：2517。
〔註56〕 吳承洛，中國度量衡史〔M〕，臺北：臺灣商務印書館，1977：242。

雨、雷壇廣十五步，皆高三尺，四陛，並一壇，二十五步。其雨師雷師二壇同壇。」〔註57〕

和社稷壇一樣，關於風師壇雨師雷師壇，《至正四明續志》繼續稽輯朱熹《答社壇說》來說明元代的規制，所以下文而宋代州縣風師雨師雷神壇即為元制，大體可行：「皆卑小於社，四出陛，四門皆一壇二十五步。燎壇於神壇之左壇之外，稍高於神壇。瘞坎於壇之北壬地，南出陛，方深取足容物。雨師雷神壇外一壇。」〔註58〕

以元代集慶路（今南京）為例。《至正金陵新志》修於至正四年（1344年），卷十一《社稷》記載：「府社壇……置南郊城南門外越城之後，卜地十畝有奇，周築垣牆，內按方地設社稷風雷雨師壇及官廳廨宇以時祭祀。」〔註59〕由此得知，集慶路府壇也是五壇並置，而其前身建康所設的祭龍壇、古太社稷壇、雩壇等已廢祭（表5.5）。

表5.5　元至正四年（1344年）集慶路壇墠

	府	上元縣	寧縣	溧水州	句容縣	溧陽州
社稷風雷雨師壇	南郊城南門外越城之後，卜地十畝有奇，周築垣牆內按方地，設社稷風雷雨師壇及官廳廨宇以時祭祀	與府壇同處	舊在縣西南府社壇東	大德五年（1301年）移置州南，築三壇，至大四年（1311年）知州盧朝請克治重修	大德間移於葛仙翁庵西，後監邑尹閭敦武，以其地卑隘，置民地，去舊壇西約百步設今壇	州西南二里

（資料來源：《至正金陵新志》卷十一上《社稷》，第6頁）

5.2.2.4　元代府州縣壇墠之制小結

元代雖然有《至元州縣社稷通禮》作為一朝禮制來規範與教化民眾，實際上各地府州縣壇墠似乎並不嚴格遵循，但是它對於一個城市的祭祀空間規劃具有影響。（1）定制時間：元貞朝的1296年冬，並且元承宋制。（2）方位：元代府州縣社稷壇大多位於西南，符合《周禮·考工記》的「左祖右社」之制，而且附郭的縣（府治設在縣城中）就不再設置社稷壇。雖然按照規定，風師和雨師雷師是在不同季節於不同地點祭祀的，各地卻不盡相同，比較凌亂，既有鎮江府與集慶路那樣的社稷風雨雷師五壇同處一地的情形，也有不

〔註57〕　同注釋50。
〔註58〕　《政和五禮新儀》，卷一：第7頁。
〔註59〕　〔元〕張鉉撰，《至正金陵新志》，卷十一《社稷》：第6頁。

設風雨雷師壇的情形，甚至遷移的情形。（3）基址規模：「方廣視太社、太稷，殺其半」，則其基址規模尺寸爲太社稷壇的四分之一，即 10 畝左右。（4）實施的度量衡：一步爲五尺，而不是朱熹說的「六尺爲步」。（5）具體建築形制：可由《大元通制》、《元史·祭祀志》與朱熹《答社壇說》一文對照而窺其一斑（圖 5.5）。

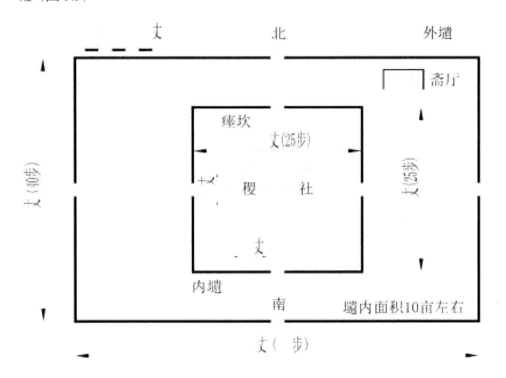

圖 5.5　元代府州縣社稷壇復原推測平面圖（資料來源：作者自繪）

5.3　明代北直隸府州縣壇墻

　　在瞭解了元代壇墻的具體形制之後，現在來探討明代北直隸的情形。當研究明代地方壇墻時，我們會自然而然地想到，它們與元代相比是否有所不同？在城市中的方位是如何確定的？官府批覆的依據和財政來源是什麼？建築等級、尺度、材料與工藝等規制又是如何？

　　從建築與城市規劃的角度來考察明代的城市營建，中國史的研究者不約而同地都期待這樣的研究能有助於瞭解中國國家與社會的本質，而壇墻或許可以承擔這個切入點的角色。在整個傳統時代，中國城市的某些外貌也許顯

得一成不變，然而另外一些外貌則一再地變遷。當代學者曾就古代公共建築的意義對城市與建築的重要性做過討論，及其對國家、社會的影響力也有所涉獵，壇墻是公共建築，如果我們把壇墻的具體形制先放在一邊，那麼其間牽涉的問題決不單純，如果有人想探討政府在壇墻上扮演的角色，必須先就中央與地方做一個區分，然後進一步區分各級地方政府——府、州、縣級的。先來看一下京師南京和北京的壇墻。

5.3.1　明代祭禮及其改制簡述

5.3.1.1　洪武初制

中國幾乎歷代王朝都有相應的祀典制度，明朝建立後的最初幾年間，《明太祖實錄》中出現了無數有關改革禮制的記載。一般來說，新王朝創建時，作為建立新制度的一環，往往進行禮樂改革，尤其是明朝，繼蒙古統治之後而立，改正所謂「胡制」，是關係到王朝統治理念的重要課題。從日常參見之禮〔註60〕、服飾〔註61〕到天子祭天等，開展了全面的改制。禮制改革中佔有重要位置的，是有關祭祀的一系列改制，包括大祀、中祀、小祀等典禮的制度。〔註62〕

朱元璋在丙午年（即位的前二年）十二月，就以「國之所重，莫先廟社」〔註63〕，而親自祭祀山川，丁未年（即位的前一年）建造圜丘即祭天的設施。《明太祖實錄》：「吳元年（1367 年，元至正二十七年）八月癸丑，圜丘方丘及社稷壇成。圜丘在京城東南正陽門外鍾山之陽……方丘在太平門外鍾山之北……社稷壇在宮城之西南，皆北向，社東稷西。」明初洪武朝的太社稷壇也有元代的影響（圖 5.6；圖 5.7；圖 5.8）。〔註64〕

〔註60〕　胡廣等纂修，明太祖實錄，卷七十三，洪武五年三月辛亥條，臺北：中央研究院歷史語言研究所校印本，1962：1355～1357。

〔註61〕　胡廣等纂修，明太祖實錄，卷三十七，洪武元年十二月辛未條等，臺北：中央研究院歷史語言研究所校印本，1962：709～711。

〔註62〕　《明史》卷四十七·志第二十三·禮一（吉禮一）。

〔註63〕　胡廣等纂修，明太祖實錄，卷二十一，吳元年八月己未條，臺北：中央研究院歷史語言研究所校印本，1962：311。

〔註64〕　胡廣等纂修，明太祖實錄，卷二十四，吳元年八月癸丑條，臺北：中央研究院歷史語言研究所校印本，1962：354～356。

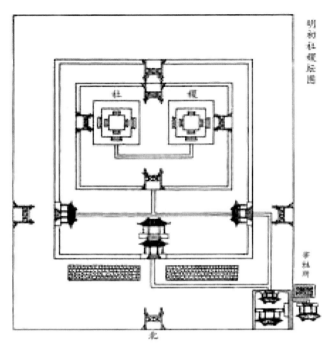

圖 5.6　明初太社太稷壇圖

（資料來源：清文淵閣《四庫全書》版《明集禮》卷九，第 1 頁）

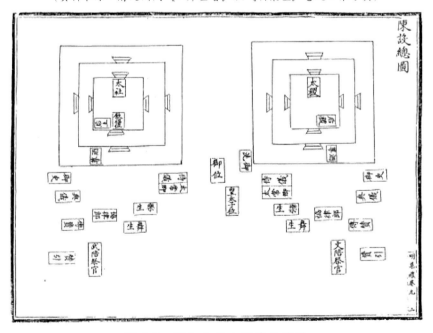

圖 5.7　明初太社太稷陳設總圖

（資料來源：清文淵閣《四庫全書》版《明集禮》卷九，第 2 頁）

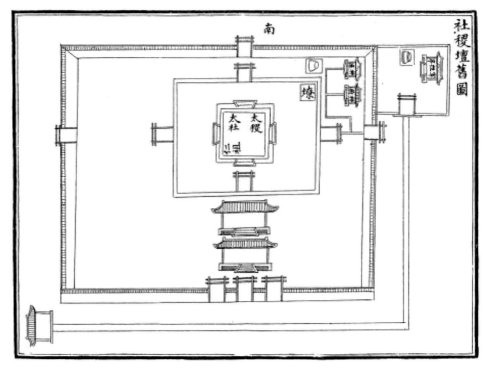

圖 5.8　明太社稷壇舊圖

（資料來源：清文淵閣《四庫全書》版《明會典》卷八十二，第 7 頁）

　　洪武元年初，命「禮官及翰林、太常諸儒臣」研究祭祀制度，為此，二
月壬寅，中書省左丞相李善長、翰林學士陶安等人分別考證了圜丘（天壇）、
方丘（地壇）、郊社（社稷）、宗廟的歷史，提出祭祀制度，被採納。〔註 65〕
十月丙子，命中書省下令郡縣，將名山、大川、聖帝、明王，以及忠臣烈士，
於國於民有功有德的，記下其具體事蹟上報，給予著錄祀典。十二月己丑，
又命府州縣建造社稷壇並加以祭祀。〔註 66〕洪武二年正月戊申（二月十一
日），根據禮官祭祀天神（太歲一木星、風雲、雷雨）和地祇（嶽鎮、海瀆、

〔註 65〕　胡廣等纂修，明太祖實錄，洪武元年二月壬寅條，臺北：中央研究院歷史語
　　　　　言研究所校印本，1962：507～614。
〔註 66〕　《明史》卷四十七·志第二十三·禮一（吉禮一）：「明太祖初定天下，他務未
　　　　　遑，首開禮、樂二局，廣徵耆儒，分曹究討。洪武元年，命中書省暨翰林院、
　　　　　太常司，定擬祀典。乃歷敘沿革之由，酌定郊社宗廟儀以進。禮官及諸儒臣
　　　　　又編集郊廟山川等儀，及古帝王祭祀感格可垂鑒戒者，名曰《存心錄》。二年，
　　　　　詔諸儒臣修禮書。明年告成，賜名《大明集禮》。」

山川及城隍）的上奏，在南京南郊建造先農壇〔註 67〕，規定春秋在此祭祀這些神祇。〔註 68〕洪武三年建山川壇於天地壇之西。〔註 69〕

　　洪武二年（1369 年）八月至洪武三年（1370 年）九月第一部禮書修成，欽名《大明集禮》，草創諸禮，這些禮制被稱爲「洪武初制」。《大明集禮》最初爲五十卷，由徐一夔、梁寅等奉敕撰修，以吉、凶、軍、賓、嘉、冠服、車輅、儀仗、鹵簿等爲綱，體現了上追成周、興復古禮的做法，例如天地分祀，壇而不屋，宗廟爲都城宮殿之制，社稷同壇異壇等。

　　洪武初製成於儒士之手，多由學士陶安裁決，大祀禮專用陶安之議，其餘則博採眾長，如詹同、朱升、崔亮、劉基、魏觀、陶凱等儒士的見解。〔註 70〕其中，洪武元年初，命「禮官及翰林、太常諸儒臣」研究祭祀制度，爲此，二月壬寅，中書省左丞相李善長、翰林學士陶安等人分別考證了圜丘（天壇）、方丘（地壇）、郊社（社稷）、宗廟的歷史，提出祭祀制度，被採納。〔註 71〕十月丙子，命中書省下令郡縣，將名山、大川、聖帝、明王，以及忠臣烈士，於國於民有功有德的，記下其具體事蹟上報，給予著錄祀典。十二月己丑，又命府州縣建造社稷壇並加以祭祀。〔註 72〕

　　洪武二年（1369 年）正月戊申（二月十一日），根據禮官祭祀天神（太歲一木星、風雲、雷雨）和地祇（嶽鎮、海瀆、山川及城隍）的上奏，在南京南郊建造先農壇〔註 73〕，規定春秋在此祭祀這些神祇。〔註 74〕洪武三年建山川壇於天地壇之西。〔註 75〕

〔註 67〕《明史》禮志：帝建先農壇於南郊。

〔註 68〕胡廣等纂修，明太祖實錄，臺北：中央研究院歷史語言研究所校印本，1962：762～769。

〔註 69〕《春明夢餘錄》一五，並見《日下舊聞考》五五。

〔註 70〕《明史》卷 136，《讚語》。

〔註 71〕李時勉等，明太宗實錄，臺北：中央研究院歷史語言研究所校印本，1962：507～614 頁。

〔註 72〕《明史》卷四十七·志第二十三·禮一（吉禮一）：「明太祖初定天下，他務未遑，首開禮、樂二局，廣徵耆儒，分曹究討。洪武元年，命中書省暨翰林院、太常司，定擬祀典。乃歷敘沿革之由，酌定郊社宗廟儀以進。禮官及諸儒臣又編集郊廟山川等儀，及古帝王祭祀感格可垂鑒戒者，名曰《存心錄》。二年，詔諸儒臣修禮書。明年告成，賜名《大明集禮》。」

〔註 73〕《明史》禮志：帝建先農壇於南郊。

〔註 74〕胡廣等纂修，明太祖實錄，卷三八，臺北：中央研究院歷史語言研究所校印本，1962：762～769 頁。

〔註 75〕《春明夢餘錄》一五，並見《日下舊聞考》五五。

但明太祖朱元璋對「初制」不滿，明代儒士丘濬曾經寫道，「臣聞開國之初，太祖皇帝不遑他務，首以禮樂爲急，開禮樂二局，徵天下耆儒宿學，分局以講究禮典樂律，將以成一代之制。然當草創之初、廢學之後，稽古禮文之事，諸儒容或有未足以當上意者。當時雖輯成《大明集禮》一書，然亦無所折衷，樂則未見有全書焉。」〔註76〕

5.3.1.2　洪武改制與洪武定制

由於《樂書》未備，以及禮制本身的不足等原因，完善「初制」的舉措隨後一直在進行。洪武八年至洪武十一年（1375～1378年），太祖對禮制中最重要的郊、廟等祭禮進行了根本性的變革，所以洪武改制又稱爲「定制」。洪武八年改宗廟爲同堂異室，十年改天地合祀，十一年改社稷神壇「同壇異壇」爲「和壇共祀」，讓禮儀簡化易行（表5.6）。

表5.6　洪武郊廟社稷祭禮改制

祭禮	洪武初制	洪武定制
廟禮	都宮之制	（洪武八年）同堂異室
郊禮	天地南北分祀	（洪武十年）天地合祀於圜丘大祈
社稷	中祀，以勾龍、周棄配	（洪武十一年）大祀，以祖宗配

（資料來源：《明太祖實錄》）

洪武四年三月丙戌，改築圜丘方丘壇。〔註77〕（詳見表格）我們可以看到，改制後的規制要小於朱元璋登基前建造的圜丘方丘壇。洪武十年的社稷壇比吳元年（1367年）的太社稷壇的規制要大，《明太祖實錄》云：洪武十年二月「戊午祭太社太稷」。〔註78〕在洪武朝不斷的禮制改革中，陸續修訂的禮書有《孝慈錄》、《洪武禮制》、《鄉飲酒禮圖式》、《禮儀定式》、《禮制集要》等，這些禮制可以歸於「洪武定制」。

〔註76〕　清文淵閣《四庫全書》版，子部，儒家類，《大學衍義補》卷三十七，《總論禮樂之道》（下）：第1頁。

〔註77〕　胡廣等，明太祖實錄，卷六十二，洪武四年三月丙戌條，臺北：中央研究院歷史語言研究所，1962：1195。

〔註78〕　胡廣等，明太祖實錄，卷一百一十一，洪武十年二月戊午卯，臺北：中央研究院歷史語言研究所，1962：1846。

5.3.1.3　永樂承制

洪武四年（1371），朱棣命興建北京宮殿。洪武十四年（1381）「復詔群臣以營建北京」〔註79〕，開始大規模營建北京城。永樂元年正月辛卯日（1403年 2 月 4 日），禮部尚書李至剛等言：「自昔帝王或起布衣平定天下，或由外藩入承大統，而於肇跡之地皆有升崇。切見北平布政司實皇上承運興化之地，宜尊太祖高皇帝中都之制，立爲京都。制日可，其以北平爲北京。」〔註80〕於是，北平稱爲「行在」。

永樂元年二月庚戌（初三日），「設北京留守行後軍都督府、北京行部、北京國子監。改北平府爲順天府。」〔註81〕此爲明清北京又稱「順天府」之始，其宮殿廟社一切制度，大都遵循明太祖洪武朝法規。永樂十八年（1420年）九月丁亥（二十二日），「命行在禮部，自明年正月初一日始，正北京爲京師，不稱行在。各衙門印有行在字者，悉送印綬監。令預遣人取，南京衙門皆加南京二字別鑄印，遣人賚給。」〔註82〕因此，永樂十九年正月初一日起，北京即稱爲京師。

明成祖永樂皇帝營建北京城以南京爲坻本，據《明太宗實錄》云：「永樂十八年十二月癸亥，初營建北京，凡廟社、郊祀、壇場、宮殿、門闕，規制悉如南京，而高敞壯麗過之。」〔註83〕永樂十八年（1420）以「北京爲京師」。〔註84〕《續通志》載：「永樂十九年建北京社稷壇，壇制祀禮一如南京舊式。」〔註85〕《明史》卷四十七：「永樂中，建壇北京，如其制。」〔註86〕由此推斷，明北京社稷等壇壝的規制即如洪武十年（1377 年）改建之式，等級上升爲京師都城一級。永樂朝繼承了洪武初制與定制。此後至嘉靖七年（1528）的一

〔註79〕《明太宗實錄》一八二。

〔註80〕李時勉等，明太宗實錄，卷十六，永樂元年正月辛卯條，臺北：中央研究院歷史語言研究所校印本，1962：294。

〔註81〕李時勉等，明太宗實錄·卷十七，永樂元年二月庚戌條，臺北：中央研究院歷史語言研究所校印本，1962：301。

〔註82〕李時勉等，明太宗實錄，卷二百二十九，永樂十八年九月丁亥條，臺北：中央研究院歷史語言研究所校印本，1962：2227～2228。

〔註83〕李時勉等，明太宗實錄，卷二三二，永樂十八年十二月癸亥條，臺北：中央研究院歷史語言研究所校印本，1962：2244。

〔註84〕《明太宗實錄》一一七，p11。

〔註85〕〔清〕文淵閣《四庫全書》本，《欽定續通志》卷一百十二，第 9～10 頁。《古今圖書集成·社稷祀典部匯考》：「成祖永樂三年建社稷壇於北京。」

〔註86〕《明史》卷四十七·志第二十三·禮一（吉禮一）。

百多年間，洪武定制基本得到遵循。

5.3.1.4　嘉靖改制與帝社稷壇

嘉靖八年（1529 年），禮部尙書李時請刊《大明集禮》，九年（1530）六月梓成。書成之時，世宗親爲序：「昨歲禮部請刻布中外，俾人有所知見，乃命內閣發秘藏，令其刊布。茲以訖工，遂使廣行宣傳，以彰我皇祖一代之制。」〔註 87〕明世宗把塵封已久的《大明集禮》刻行頒佈，旨在爲其接下來要進行的祭禮改革作鋪墊。

正德十六年（1523）三月，明武宗病逝。武宗既無皇子又無同父兄弟，皇位繼承者只有從皇族旁支中選擇。內閣首輔楊廷和提出以《皇明祖訓》「兄終弟及」爲依據，以武宗「遺詔」和慈壽皇太后「懿旨」詔告天下，迎立興獻王（武宗叔）之子朱厚熜入繼帝位，是爲明世宗嘉靖皇帝。明世宗嘉靖皇帝由藩王繼承大統，爲了解決即位的正當性，即符合「兄終弟及」的嫡傳原則，通過「大禮議」追尊其父興獻王爲皇考興獻帝，以求得興獻帝在禮儀上變成符合正統之制的皇帝，成爲帝位傳承的一環（孝宗──興獻──世宗）。當時議禮新貴張璁在《大禮或問》中說：「……祖訓也。兄終弟及之文，何也？孝宗兄也，興獻王弟也。（興）獻王在則獻王天子矣，有獻王斯有我皇上矣，此所謂『倫序當立』，推之不可，避之不可者也。果若人言，則皇上與武宗兄弟也，固謂之父子也。……」〔註 88〕但是，一個名正言順的皇帝生爲帝統、死爲廟統，皇帝只有稱宗入廟，方可算正統完滿。世宗雖然通過嘉靖初「大禮議」使興獻帝得以稱皇、稱帝，但沒有「稱宗入廟」。所以，世宗在「大禮議」之後，對國家祭禮進行了全面改制，其目的就是要完成興獻帝「稱宗入廟」的任務。《明史》記有：

> 帝自排廷議，定「大禮」，遂以制作禮樂自任。而夏言始用事，乃議皇后親蠶，議勾龍、棄配社稷，議分祭天地，議罷太宗配祀，議朝日、夕月別建東、西二郊，議祀高禖，議文廟設主更從祀諸儒，議祧德祖正太祖南向，議祈穀，議大禘，議帝社帝稷……〔註 89〕

〔註 87〕清文淵閣《四庫全書》版，明世宗，《明集禮》原序，第 1 頁。

〔註 88〕陳經邦等，明世宗實錄，卷八，正德十六年十一月條，臺北：中央研究院歷史語言研究所，1962：303。

〔註 89〕清文淵閣《四庫全書》版，《明史》卷一百九十六，列傳第八十四，《張璁傳》，第 8 頁。

　　嘉靖朝將洪武「十年，改定合祀之典」 改作了分祀。《明史》記載了嘉靖改制之後的太社稷壇、帝社稷壇、王國社稷壇、府州縣社稷壇的具體規制：

　　　　（1）太社稷壇，在宮城西南，東西峙，明初建。廣五丈，高五尺，四出陛，皆五級。壇土五色隨其方，黃土覆之。壇相去五丈，壇南皆樹松。二壇同一壝，方廣三十丈，高五尺，甃磚，四門飾色隨其方。周坦四門，南靈星門三，北戟門五，東西戟門三。戟門各列戟二十四。洪武十年，改壇午門右，社稷共一壇，爲二成。上成廣五丈，下成廣五丈三尺，崇五尺。外壝崇五尺，四面各十九丈有奇。外垣東西六十六丈有奇，南北八十六丈有奇。垣北三門，門外爲祭殿，其北爲拜殿。外復爲三門，垣東、西、南門各一。永樂中，建壇北京，如其制。

　　　　（2）帝社稷壇在西苑，壇址高六寸，方廣二丈五尺，甃細磚，實以淨土。壇北樹二坊，曰社街。

　　　　（3）王國社稷壇，高廣殺太社稷十之三。

　　　　（4）府州縣社稷壇，廣殺十之五，高殺十之四，陛三級。後皆定同壇合祭，如京師。〔註90〕

　　里社的具體形制不詳，則據《五禮通考》：里社，每里一百戶立壇一所，祀五土五穀之神。〔註91〕因此，明代社稷壇分五個等級：太社稷壇、帝社稷壇、王國社稷壇、府州縣社稷壇、鄉社里社（圖5.9）。〔註92〕

　　值得注意的是，帝社帝稷在唐代就有，是從先農壇改建而來，《唐會要》曰：「於是改先農壇爲帝社壇。於帝社壇西置帝稷壇。禮太社同太稷。其壇不備方色。所以異於太社也。至開元定禮。除帝稷之議。祀神農氏於壇上。以后稷配。至今以爲常典也。」〔註93〕

〔註90〕《明史》志第二十三，禮一（吉禮一）壇壝之制。
〔註91〕〔清〕文淵閣《四庫全書》本，《五禮通考》卷四十五，第35頁。
〔註92〕清代還有一種壇稱作省城壇，據清代《福建通志》卷十四《典禮》第17頁記載：「凡府州縣皆有社稷壇，今省城壇在郊之北，春秋二祭，俱用仲月上戊日。主祭官福建布政使司，祭前三日齋戒，將祭之前一日，省牲治祭物潔籩豆掃除壇上下及設幕次中門外。」
〔註93〕清文淵閣《四庫全書》，《唐會要》卷二十二，社稷，第6頁。

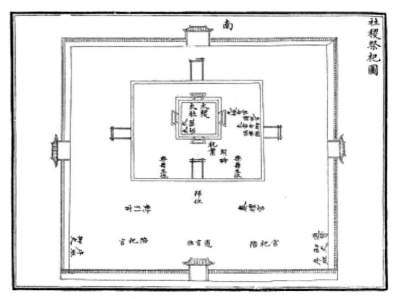

圖 5.9　明太社太稷壇圖

（資料來源：清文淵閣《四庫全書》版《明會典》卷八十二，第 8 頁，社稷祭祀圖）

　　而明代的帝社帝稷是嘉靖十年才出現的，禮制源於明代社稷配位之演變。洪武十年（1377）太祖改壇制，罷句龍與后稷配位，以仁祖配，升為大祀。惠帝建文元年祭社稷奉太祖配，撤仁祖位，仁宗洪熙元年二月祭社稷，奉太祖太宗並配，命禮部永為定式。嘉靖九年（1530 年）建土穀壇於西苑豳風亭之西（今北京南海瀛臺之北），東為帝社，西為帝稷，後改名帝社稷壇。明穆宗隆慶元年（1567 年）廢帝社稷壇：嘉靖九年，「改從皇祖舊制太社以句龍配太稷」〔註 94〕；嘉靖十年，立帝社稷於西苑豳風亭之西，「東帝社西帝稷，皆北向，始名西苑土穀壇。」〔註 95〕以仲春秋次戊日上躬行祈報禮，「如次戊在望後，則仍用上巳春告秋報為定制。隆慶元年禮部言，帝社稷之名自古所無，嫌於煩數，宜罷從之。」〔註 96〕《五禮通考》記載：「《明會典》帝社帝稷壇，壇趾高六尺，方廣二丈五尺，甃以細磚，實以淨土，繚以土垣，北為欞星門，高六尺八寸，廣五尺八寸。」〔註 97〕（圖 5.10）

〔註 94〕　清文淵閣《四庫全書》版，《明史》卷四十九，第 4 頁。

〔註 95〕　清文淵閣《四庫全書》版，《明史》卷四十九，第 5 頁。

〔註 96〕　清文淵閣《四庫全書》版，《明史》卷四十九，第 5 頁。另清文淵閣《四庫全書》版，《五禮通考》卷四十五，第 54 頁：「（嘉靖）十年，復於西苑隙地墾田樹穀麥，帝社帝稷二壇，每歲以仲春秋上戊次日行祈報禮。」

〔註 97〕　清文淵閣《四庫全書》版，《五禮通考》卷四十五，第 51 頁。

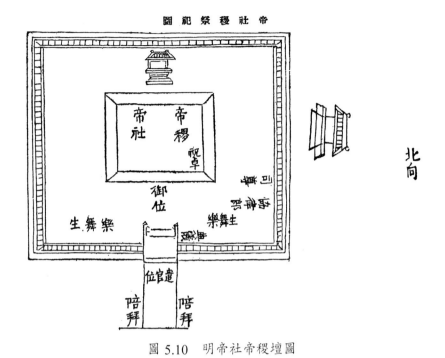

圖 5.10　明帝社帝稷壇圖

（資料來源：萬曆重修《明會典》卷八十五，社稷等祀 上海：商務印書館，1936：1962）

　　和明朝幾次大的禮制變革一樣，壇壝的形制不可避免地反映了禮制的變化，期間祭祀經歷了分祀與合祀。〔註98〕從明初洪武朝的定都南京，隨後在永樂年間遷都北京，永樂承制「悉如南京」。明中期經歷了世宗改制，即嘉靖改制。

5.3.2　明代北直隸地方府州縣壇壝

5.3.2.1　明代社稷壇等級、規制與王國社稷

　　從上述分析得知，明代社稷分為太社太稷、帝社帝稷、王國社稷、郡縣社稷、里社鄉社五個等級，前二者在都城，後二者在府州縣，里社鄉社在鄉村。

　　王國社稷也就是在明代藩封親王城市的社稷。《大明集禮·王國社稷》總序記：「自唐至宋元封建不行，故闕其制。」〔註99〕尚書陶凱定王府社稷壇制

〔註98〕《明史》志第二十三 禮一（吉禮一）壇壝之制。另參見，清文淵閣《四庫全書》版，〔清〕于敏中等編纂，《日下舊聞考》卷三十六，宮室，第 4 頁。日下舊聞考，卷三十六，《宮室》，北京：北京古籍出版社，1983：559。

〔註99〕清文淵閣《四庫全書》版，《明集禮》卷十，第 1 頁。

度時，參照了唐宋州縣社稷壇制，並有所增益。洪武四年（1371 年）確立王
國社稷之制：

> 洪武四年，定王國社稷之制，立於王國宮門之右，壇方三丈五尺，
> 高三尺五寸，四出陛，其制上不同於太社，下異郡邑之制。〔註 100〕

王國社稷壇經歷了同壇異壇至同壇同壇的轉變。「王國社稷，洪武四年
定，十一年，禮臣言：太社稷既同壇合祭，王國、各府州縣亦宜同壇，稱國
社國稷之神，不設配位，詔可。十三年九月，復定制兩壇一壇如初式。十八
年定王國祭社稷山川等儀行十二拜禮。」〔註 101〕洪武四年的王國社稷壇規制
根據《大明集禮》所載是同壇異壇（圖 5.11）。洪武十一年（1378）之後，王
國社稷壇成了同壇異壇：

> 王國社稷，洪武四年定。十一年，禮臣言：「太社稷既同壇合
> 祭，王國各府州縣亦宜同壇，稱國社國稷之神，不設配位。」詔
> 可。〔註 102〕

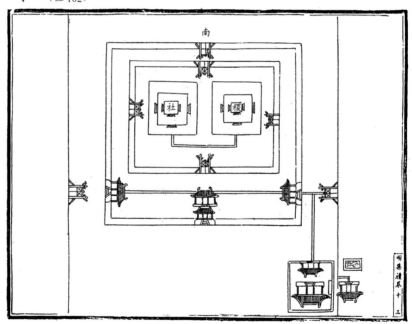

圖 5.11　明洪武四年王國社稷壇圖

（資料來源：清文淵閣《四庫全書》版《明集禮》卷十，第 3 頁）

〔註100〕清文淵閣《四庫全書》版，《欽定續通志》卷一百十二，第 9 頁。
〔註101〕清文淵閣《四庫全書》版，《五禮通考》卷四十五，第 35 頁。
〔註102〕《明史》卷四十九・志第二十五・禮三（吉禮三）。

洪武九年（1376 年），王國山川社稷選址方位具體化：

> 洪武九年閏九月甲辰，詔諸王國山川社稷俱建於端禮門外之西南。〔註 103〕

下面來看一下燕王府和靖江王府的社稷山川壇實例。北直隸除了燕王府所在北平之外，別無王府城市。洪武三年（1370）七月，「詔建諸王府」。〔註 104〕《明太祖實錄》記載了燕王府的社稷壇與山川壇的選址方位：

> 洪武十二年，十一月甲寅。燕府營造訖工。其制：社稷、山川二壇在王城南之右。燕府營造工迄，繪圖以進，其制社稷山川二壇，在王城南之右。王城四門，東曰體仁，西曰遵義，南曰端禮，北曰廣智；門樓廊廡二百七十二間，中曰承運殿十一間，後為圓殿，次曰存心殿，各九間。承運殿之兩廡為左右二殿，自存心承運周迴兩廡至承運門為屋百三十八間，殿之後為前、中、後三宮，各九間。宮門兩廂等室九十九間。王城之外周垣四門，其南曰靈星，餘三門同王城門名，周垣之內，堂庫等室一百三十八間，凡為宮殿室屋八百一十一間。〔註 105〕

一年之後的洪武十三年（1380 年），王國山川社稷壇制得到了進一步的具體化：

> 洪武十三年冬十一月庚子。重定王國社稷山川壇制。社稷兩壇相去三丈五尺，壇方三丈五尺，高三尺五寸，四出陛，一壝，廣二十丈，壇在壝內稍南，居三分之一。壝牆高五尺，置靈星門四，外垣北門置屋，列十二戟，南面神門無屋。社主用石，長三尺五寸，闊一尺五寸。山川壇高四尺，四出陛，方三丈五尺，一壝廣二十丈，壇在壝內稍北，居三分之一。壝牆高五尺，置靈星門四，外垣南門置屋列十二戟，北面神門無屋。〔註 106〕

北京的燕王府王國社稷壇在永樂元年（1403）被罷祀，永樂三年復置，

〔註 103〕胡廣等，明太祖實錄，卷一百九，洪武九年閏九月甲辰條，臺北：中央研究院歷史語言研究所，1962：1811。

〔註 104〕胡廣等，明太祖實錄，卷五十四，洪武三年七月辛卯條，臺北：中央研究院歷史語言研究所，1962：1060。

〔註 105〕胡廣等，明太祖實錄，卷一百三，洪武十二年十一月甲寅條，臺北：中央研究院歷史語言研究所，1962：2024。

〔註 106〕胡廣等，明太祖實錄，卷一百三十四，洪武十三年冬十一月庚子條，臺北：中央研究院歷史語言研究所，1962：2128。

據《五禮通考》記載：

> 《成祖實錄》：永樂元年五月罷祀北京國社國稷，帝以北平為舊
> 封國，有國社國稷，今既為北京，其社稷宜為定制。禮部官言：古
> 制無兩京並立太社太稷之禮，今北京舊有國社國稷，宜改設官守護，
> 遇上巡狩即壇內設太社太稷位以祭，仍於順天府別建府社府稷，令
> 北京行部官以時祭祀。從之。

> 大政記，永樂三年二月，吏部尚書蹇義等議，今趙王留守北京，
> 當別建國社國稷山川等壇，致祭如禮部尚書，所議。從之。〔註107〕

再以靖江王府社稷壇為例。靖江王朱守謙洪武三年（1370 年）受封廣西
桂林，其府第洪武五年（1372 年）建造，用獨秀峰前的元順帝潛邸；十一年
（1378 年）朱守謙被廢為庶人，召回京師，歷居雲南鳳陽，後錮京師，至洪
武二十六年（1393 年）薨，其間再未回到府邸居住。洪武二十六年，覆命指
揮同知徐溥，工部主事戈祐韓毛知理督工修理，「唯王城及□□□不改作，其
宮殿諸衙門俱重起造，煥然一新。」〔註108〕蕭牆內垣左為宗廟，垣右為社稷
〔註109〕，即為靖江王府社稷壇。

5.3.2.2　明代府州縣壇墠定制時間

明洪武元年（1368 年）十二月己丑頒發府州縣社稷制度：

> 頒社稷壇制於天下郡邑，俱設於本城西北，右社左稷，壇各方
> 二丈五尺，高三尺，四出陛。社以石為主，其形如鐘，長二尺五寸，
> 方一尺一寸，剡其上、培其下之半，在壇之南。方壇周圍築牆，四
> 面各二十五步。祭用：春秋二仲月上戊日。各壇正配位，各用籩四、
> 豆四、簠簋各二，登硎各一俎二牲，正配位共用羊豕各一。〔註110〕

《明史》卷四十九記載：

> （洪武元年十二月）頒壇制於天下郡邑，俱設於本城西北，右社左稷，
> 十一年（1378 年）定同壇合祭，如京師。」〔註111〕太祖確立的天地合祀之製

〔註107〕清文淵閣《四庫全書》版，《五禮通考》卷四十五，第 44～45 頁。
〔註108〕陳璉，宣德《桂林郡志》卷三，明景泰元年吳惠重刻增補宣德本。
〔註109〕宣德《桂林郡志》、嘉靖《廣西通志》。
〔註110〕胡廣等纂修，明太祖實錄，卷三十七，第 20～21 頁，洪武元年十二月己丑條，
　　　　臺北：中央研究院歷史語言研究所校印本，1962：746～747。
〔註111〕清文淵閣《四庫全書》版，《明史》卷四十九，第 5 頁。另參見清文淵閣
　　　　《四庫全書》版，《五禮通考》卷四十五，第 35 頁：府州縣社稷，洪武元

成爲洪武定制，歷代相承，直到嘉靖九年（1530）明世宗改爲天地分祀。明代府州縣社稷壇亦經歷了分祭合祭的變化，而且位於城市的「西北」，與元代《至元州縣社稷通禮》的「西南郊」不同。

《大明集禮》記載的明洪武二年的府州縣社稷禮制如下，爲同壝異壇（圖5.12）：

> 國朝郡縣祭社稷有司俱於本城土西北設壇致祭，壇高三尺，四出陛三級方二尺五寸，從東至西二丈五尺，從南至北二丈五尺，右社左稷，社以石爲主，其形如鍾，長二尺五寸，方一尺一寸，剡其上，培其下半，在壇之南，方壇外築牆，周圍一百步，四面各二十五步。〔註112〕

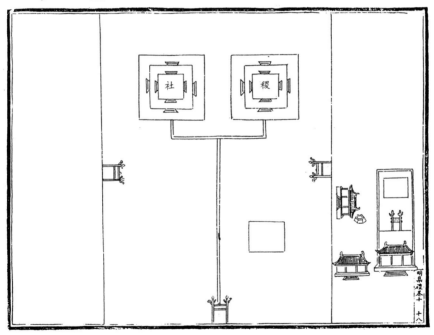

圖 5.12　明洪武三年郡縣社稷壇圖

（資料來源：清文淵閣《四庫全書》版《明集禮》卷十，第 18 頁）

《明會典》所載的洪武二十六年初（1393 年）府州縣社稷壇規制：

> 《洪武禮制》祭祀儀式，社稷府州縣同壇。制：東西二丈五尺，

年頒壇制於天下郡邑，俱設於本城西北，右社左稷。十一年定同壇合祭如京師。

〔註112〕清文淵閣《四庫全書》版，《明集禮》卷十，第 16～17 頁。

南北二丈五尺，高三尺，俱營造尺。四出陛，各三級，壇下前十二
丈或九丈五尺，東西南各五丈，繚以周牆，四門紅油北門入……神
廚三間用過梁通連，深二丈四尺，中一間闊一丈五尺九寸，傍二間
每間闊一丈二尺五寸。鍋五口每口二尺五寸，庫房間架與神廚同內
用壁不通連。宰牲房三間，深二丈二尺五寸，三間通連，中一間闊
一丈七尺五寸九分，傍二間各闊一丈，於中一間正中鑿宰牲小池，
長七尺深二尺闊三尺，磚砌四面，安頓木案於上，宰牲血水聚於池
內，祭畢擔去，仍用蓋房，門用鎖。宰牲房前舊有小池者仍舊制，
不必更改，無者不必鑿池，止於井內取水。〔註113〕（圖 5.13）

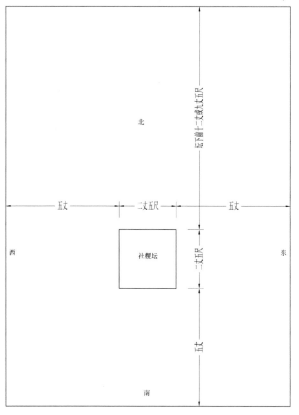

圖 5.13《明會典》所載府州縣壇壝制度之復原推測圖（資料來源：自繪）

〔註113〕清文淵閣《四庫全書》本，《明會典》卷八十六，第1～2頁。另參見〔清〕
文淵閣《四庫全書》本，《五禮通考》卷四十五，第 36 頁：《明會典》洪武二
十六年初，定儀天下府州縣社稷。洪武禮制，社稷同壇，制東西二丈五尺，
南北二丈五尺，高三尺，俱營造尺，四出陛，各三級，壇下前十二丈或九丈
五尺，東西南各五丈，繚以周牆，四門紅油，北門入。

　　儘管規制已備，但和宋元類似的是，上述文字並未闡明明代府州縣壇壝的全部規制，特別是尺寸問題——《明會典》規制中的「壇下前十二丈或九丈五尺」之句，給地方城市留下很多在具體實施中需要揣度的疑問，諸如基址大小、垣壝尺寸等問題，造成明代各地府州縣事實上的困擾。〔註114〕

　　另外，《大明集禮》原序作於嘉靖九年（1530 年）六月望日，「昨歲禮部請刻布中外，俾人有所知，見乃命內閣發秘藏，令其刊布茲以訖工遂使廣行宣傳，以彰我皇祖一代之制。」〔註115〕這段話透露的是《明集禮》及其刻行的「明代郡縣祭社稷圖式」在明嘉靖九年之前，各地並非輕易所能見到。以下一則史料可以佐證這一點，嘉靖朝任職南京太常寺的鍾芳曾經上過一個奏摺：

> 《大明集禮》一書乃我太祖高皇帝詔集群臣，博採前代之制，參酌時宜，會萃成編，以垂訓萬世者也。藏之中秘，見之者鮮。近蒙皇上明旨刊布又荷聖恩普賜，近侍輔臣兩京各衙門俱已周徧，是誠斯文莫大之幸，但照本寺未蒙　頒及。臣等切思此書製作兼乎百王經畫，貫乎千古，朝廷傳之則可以昭聖祖垂謨之無斁，臣下讀之則可以知聖政因革之所由，況本寺職掌禮樂，於此書似不可闕，伏望敕下該部，頒賜一帙於本寺，收貯俾稽器數者有所依據，忝祿秩者守爲典章。〔註116〕

　　鍾芳（1476～1544）生於成化十二年，卒於嘉靖二十三年，嘉靖九年任職南京太常寺侍卿，尚且不能很方便地看到《大明集禮》，由此可以推知各地方的官吏能讀到的機會更是少有。換言之，儘管在字面上，明代的壇壝規章制度基本完備，但具體落實過程中，能得到多大程度的執行是成問題的。明代地方志等文獻中記載各地府州縣的壇壝情形，或因地制宜；所以各地的情形並不像字面上那樣整齊劃一，但是在選址方位上基本得到了執行。如明代顧清所著《東江家藏集》中記載的北直隸大名府清豐縣「重建山川壇記」云：

> 凡郡邑之制祀，以北郊禮社稷，以南郊禮風雷雨山川，土生穀以養人，雲雷風雨鼓舞而潤澤之，名山大川則云雨之自出也。故王都至於一邑，通祀之而以城隍之神合焉，載在彝典遐方僻壤，周敢

〔註114〕南直隸應天府社稷壇建於正統二年（1437）。〔清〕文淵閣《四庫全書》本，《五禮通考》卷四十五，第 46 頁：「《明會典》正統二年，令應天府建社稷壇，春秋祈報以守臣行事。」

〔註115〕〔清〕文淵閣《四庫全書》本，《明集禮》原序，第 1 頁。

〔註116〕鍾芳，《筠溪文集》卷十八，《乞恩均頒制書以便典守事》，載於：《四庫全書存目叢書·集部》別集類，第 65 冊，濟南：齊魯書社，1997：65～3。

有怠焉者。清豐爲大名屬邑，其封域在神州千里之内，日月之所照，
風霆之所及，視天下必先焉，政典禮文宜極備具，而國陽之祀闕焉，
弗虔壇場、圯夷垣墉、闕傾帛牲豆籩薦奠靡所人玩而慢神茲弗福，
蓋數十年於此矣。弘治戊午，吳興陸君以進士來令茲邑，既和其人
乃考祀典遵王制，即其故而一新焉。崇土以薦嚴，設版以爲固，行
木以依神，庫以謹藏器，庖以潔牲滌，所以致齋門以啓閉，凡宇於
地以楹計者十有二，閾於垣以間計者三，爲器物以奉神者若干件。
自經始至迄工凡三月，歲役民以守者二人，邑之典禮於是大備。將
以明年二月率吏民，謹將事焉。〔註117〕

在僅存的明代地方志中，一般都記載了壇壝，地方壇壝分爲社稷壇、山
川壇、郡屬壇，一般都在城牆外面，它們與位於城牆內城隍廟一起，構成了
官方主導的城市祭祀空間，更側重於安撫和疏導民眾的精神。從時間上來考
察，明代地方壇壝的設置年代，一般在洪武初。〔註118〕

由上述研究可以得出，明代地方府州縣社稷壇、風雲雷雨山川壇、厲壇
的定制時間有兩個：洪武元年和洪武四年。

第一，皇家分封藩王所在的省城、府城（藩鎮）的王國社稷壇，確立於
洪武四年；但山川壇和厲壇的定制時間尚不清楚。也就是說，王國社稷壇從
一開始實施的就是「洪武改制」，而不是《大明集禮》所表達的洪武初制。其
具體形制經歷了三個階段（表5.7）：

（1）「王國社稷，洪武四年定。」爲同壝異壇。（2）十一年，禮臣言：「太
社稷既同壇合祭，王國各府州縣亦宜同壇，稱國社國稷之神，不設配位。」
爲同壇合祭。（3）「十三年九月，復定制兩壇一壝如初式。〔註119〕爲同壝異壇。

表5.7　王國社稷壇形制變遷時間

	定制時間	合祀分祀	資料來源
1	洪武四年（1371）	同壝異壇	清文淵閣《四庫全書》版《明集禮》卷十，第3頁
2	洪武十一年（1378）	同壇合祭	《明史》卷四十九‧志第二十五‧禮三（吉禮三）
3	洪武十三年（1380）	同壝異壇	清文淵閣《四庫全書》版《五禮通考》卷四十五，第35頁

〔註117〕清文淵閣《四庫全書》版，顧清，《東江家藏集》卷二十一，第12頁。
〔註118〕詳見本書附錄。
〔註119〕清文淵閣《四庫全書》版，《明史》卷四十九‧志第二十五‧禮三（吉禮三），
　　　　第5頁。

　　如果城市裏面有王府，則設立王府社稷壇，《明會典》曰：「社稷壇一所，正房三間，廂房六間，宰牲亭一座，宰牲房五間。」〔註 120〕還規定了壇壝等的修理費用和責任：「凡天地壇場若有損壞去處，合修理者，督工計料修整；合漆飾者，行下營繕所差工漆飾，所用木石磚灰顏料等項，行下抽分竹木局等衙門照數關支。事例。弘治十三年奏准，「天地山川壇內，縱放牲畜作踐，及私種籍田外餘地，並奪取籍田禾把者，俱問罪，牲畜入官，犯人枷號，一月發落。」〔註 121〕

　　第二，除了上述分封藩王所在的省城、府城之外，地方府州縣的壇壝為同一等級，其壇壝定制始於洪武元年十二月己丑，至洪武三年均已確立。換句話說，洪武朝至嘉靖朝九年（1530 年）之間，府州縣壇壝形制遵循的就是「洪武初制」。

5.3.2.3　明代北直隸府州縣壇壝方位

　　地方壇壝分為社稷壇、山川壇、郡厲壇，既然是從洪武朝就開始確立的官方典祀，那麼其選址方位就是有規制的，也就是壇壝在府州縣城市中的分佈是有一定規律的。《明會典》中有規定，也和古代堪輿、星相有一定關係。社稷壇設於城西，「府州縣社稷，洪武元年頒壇制於天下郡邑，俱設於本城西北，右社左稷。（洪武）十一年，定同壇合祭如京師。」〔註 122〕這一點與元代不同，元代的郡縣壇壝方位有時候很隨意，如萬曆《福州府志》記載福州府壇壝：「在郡城北天王山下。舊在城南七里，唐觀察使楊發，遷於南澗寺東，偽閩時遷於烏石山之陰，元初遷法海寺北，國朝洪武六年，知府楊士英移建今所，七年，定禮制，刻石於壇。」〔註 123〕

　　我們來看一些明代北直隸的壇壝實例。

　　從上南下北的嘉靖朝《蠡縣境圖》顯示蠡縣壇壝恪守規制，社稷壇在城西北，風雨雷雨山川壇在城東南（圖 5.14）：社稷壇在北郭之西，中設壇基……風雨雷雨山川壇在南郭門內大街東……厲壇在北郭門外，迎恩亭後，中為壇基，為御製厲祭文碑，其庫房廚房宰牲房近廢。〔註 124〕

〔註 120〕清文淵閣《四庫全書》版，《明會典》卷一百四十七，第 6 頁。
〔註 121〕清文淵閣《四庫全書》版，《明會典》卷一百五十四，工部八，壇場，第 2 頁。
〔註 122〕清文淵閣《四庫全書》版，《明史》卷四十九，志第二十五·禮三（吉禮三），第 5 頁。
〔註 123〕萬曆《福州府志》卷 15《祀典二》，壇壝。
〔註 124〕嘉靖《蠡縣志》卷 2《建置》，第 9 頁。

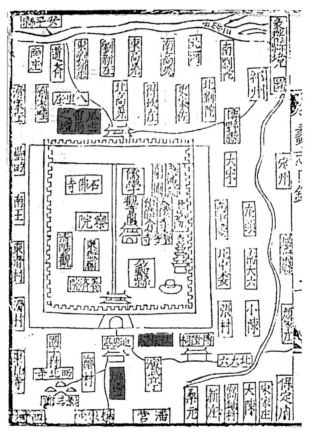

圖 5.14　蠡縣境圖所示的壇壝方位（底圖畫法為上南下北）

（資料來源：嘉靖《蠡縣志》卷首，第 2 頁）

　　如洪武初期建的眞定府：社稷壇在本府城西北五里。洪武初建。……風雲雷雨山川壇在本府長樂門外一里許。……屬壇在本府永安門外二里許。〔註125〕

　　嘉靖河間府：社稷壇在西郊……風雲雷雨山川壇，在縣治西南……郡屬壇，在城西北。〔註126〕

　　事實上，壇壝的選址也並非一成不變，如獲鹿縣明初在城西，後來移位，嘉靖朝考慮因「有乖典禮」又復其舊：社稷壇舊在縣西郭外，嘉靖二十九年知縣孟經改建城北奇石山下，嘉靖三十四年知縣趙惟勤檢詳。《大明會典》內一條一，天下府州縣有司各建社稷壇於城西。查得本縣西壇原係洪武年間創設，已有定制，無故廢置，有乖典禮。於是仍即城西故址修建壇壝，諸所規

〔註125〕嘉靖《眞定府志》卷 14《祀典》，第 6～7 頁。
〔註126〕嘉靖《河間府志》卷 9《典禮志》，第 2 頁。

制悉復其舊。〔註127〕

　　又如，成化朝唐山縣社稷壇由縣西遷修於縣北：唐山縣社稷壇，舊在縣西，成化間知縣祁司員遷修於縣北；風雲雷雨山川壇，舊在縣南，成化間祁司員遷修於城南；邑厲壇在縣北，洪武年間建。〔註128〕

　　這種情形也發生在北直隸之外，如明崇禎《長沙府志》載：「社稷壇，洪武三年知府騰楫建湘春門外，十八年改南門外。」此外，清代也有壇壝移建的例子，如清末上海的邑厲壇遷到城南。〔註129〕

　　選址方位是府州縣壇壝規制中執行得比較好的例子。明初漢族地主驅逐了蒙元少數民族的勢力，重新建立了以儒家文化爲主導的漢族文化。在此基礎上明初重新制定了禮儀制度，表現在城市形態上就是建立了一些新的城市禮儀建築，如城隍廟、社稷壇、風雲雷雨山川壇、厲壇等，並且在制度上對這些建築的方位布局作了嚴格的規定，如社稷壇，《明史·禮志》：「府州縣社稷，洪武元年頒壇制於天下郡邑。俱設於本城西北」；又如厲壇，同書「洪武三年定制，……，王國祭國厲，府州祭郡厲，縣祭邑厲，皆設壇城北。」；再如風雲雷雨山川壇，同書「嘉靖十年……王國府州縣亦祀風雲雷雨師，仍築壇城西南」那麼在現實中這些制度是否執行了，這些祭祀壇在城市中建築的方位是否符合制度的規定呢？正史中沒有相關的記載。但是在對明代北直隸現存世的地方志進行統計後，可以得出明代前中期這些制度還是嚴格執行的結論。如，厲壇，在明前中期，百分之八十的厲壇建在城市北部（包括西北、東北）。又如，社稷壇，在明前中期，百分之七十五的社稷壇建在城市西部（包括西北）。再如，風雲雷雨山川壇，在明前中期，百分之八十以上的風雲雷雨山川壇建在城市南部（包括西南、東南）。

〔註127〕　嘉靖《獲鹿縣志》卷4《祀典》，第1頁。

〔註128〕　成化《順德府志》卷八，第137頁。

〔註129〕　〔清〕毛祥麟撰，畢萬忱點校，《墨餘錄》卷六《邑厲壇》，上海：上海古籍出版社，1985，第90頁：「明祖初定蘇松，邑民錢鶴皋聚眾抗命，大將軍徐達獲之，檻送京師，臨行前白血噴注。太祖恐其爲厲也，遂令天下設厲壇，祭錢鶴皋等無祀鬼魂，邑有厲壇自此始。我邑向建壇於北門外，每逢清明、及七月望、十月朔，迎城隍神至壇賑濟孤鬼，謂之三巡會。其隨從儀仗頗盛，觀者咸集。邑人捐助冥錠，堆積如山，即於壇所焚化，晚始迎神回廟。自通泰西諸洋商，地租西人，毀壇起屋，名其處曰一里街。蓋不知本義，訛其字而仍之也。今壇設於南門外，神赴壇即回，其儀仗亦非復舊時之盛云。」

　　然而到了明代中後期，這一制度出現了鬆弛，有些地方祭祀建築方位由於各種原因開始與制度相違背，除了上文提到的例子之外，如《嘉靖延平府志》祠祀志卷之一：「風雲雷雨山川壇：在府城西門外射圃之左，舊在水南劍津里，洪武九年建，……，正德十五年知府歐陽鐸以渡河不便於民，改建今所。」〔註130〕又如《嘉靖建陽縣志》卷五秩祀志：「風雲雷雨山川城隍壇：在縣南三貴里，舊無，洪武九年知縣范子疇始建，……，宣德年間縣丞何景春以其逼近民居且低下，移築於本里黃花山之陽。」〔註131〕再如《弘治徽州府志》卷五祀典：「郡厲壇舊在臨溪門外石壁山下，……，永樂五年因洪水漂壞，知府張從道遷於東關接官廳西，制如式。」〔註132〕出現這種現象的原因是和中央對地方控制的鬆弛有關，與此類似的是城隍廟，可參見（日本）濱島敦俊《朱元璋政權城隍改制考》一文。

　　明代都司衛所的壇壝雖然也有，但並不多見於《大明一統志》和各地方志，個中原因並非疏漏而是多未設置，因為官修典章制度《明會典》沒有對都司衛所的壇壝作出限定，如「洪武禮制，祭祀儀式，社稷，府州縣同。」〔註133〕因此不難理解為何正德《雲南志》第十二卷《瀾滄衛》中沒有關於壇壝的史料，而該書第十三卷《金齒司》記錄了金齒城的壇壝，卻對當時其所轄領的永平縣、潞江安撫司、鳳溪長官司、施甸長官司的壇壝隻字未提；〔註134〕以及為何作為明代九邊十一鎮之一的宣府鎮，它在屬於都司衛所的體系，其中的宣化城（今河北宣化市）周二十四里餘〔註135〕，和山西太原

〔註130〕嘉靖《延平府志》卷一《祠祀志》，《天一閣藏明代方志選刊》第二十九冊，上海古籍書店，1982年。

〔註131〕嘉靖《建陽縣志》卷五《秩祀志》，《天一閣藏明代方志選刊》第三十一冊，上海古籍書店，1982年。

〔註132〕弘治《徽州府志》卷五《祀典》，《天一閣藏明代方志選刊》第二十一冊，上海古籍書店，1981年。

〔註133〕《明會典》卷八十六，禮部四十五，祭祀七，合祀神祇二，諸司職掌。

〔註134〕「風雲雷雨山川壇在城東，社稷壇在城西，厲壇在社稷壇東北。」正德《雲南志》（上）卷十三，金齒軍民指揮司，祠廟，第10頁下。

〔註135〕〔明〕楊時寧，白希繡纂集，萬曆《宣大山西三鎮圖說》，卷一，宣府城圖說，萬曆三十一年（1603）刻本。另參見，「宣化府城，周二十四里有奇，門七，東曰定安西曰泰新南曰昌平曰宣德曰承安北曰廣靈曰高遠，明洪武二十七年因舊城展築，建文元年塞宣德承安高遠三門，正統五年甃磚。本朝康熙十五年，及乾隆元年屢經修築，二十一年重修添建月城。」《四庫全書》史部，地理類，總志之屬，大清一統志，卷二十四，城池，第7頁。

府城相當〔註136〕，也設置社稷壇、山川壇、厲壇。

5.3.2.4　明代北直隸府州縣壇壝規制與基址規模實例

綜上所述，明代府州縣壇壝規制已載官方文獻《明會典》記錄了社稷壇的洪武規制：「洪武禮制，祭祀儀式，社稷，府州縣同：壇制東西二丈五尺，南北二丈五尺，高三尺，四出陛各三級，壇下前十二又或九丈五尺，東西南各五丈，繚以周牆，四門紅油，北門入。」〔註137〕北直隸也不例外，各地執行與應對的情形又如何呢？

本研究在現存明代地方志中沒有發現北直隸的壇壝圖。爲了先有一個直觀的印象，從南直隸的萬曆《宿遷縣志》和萬曆《淮安府志》的插圖中瞭解一下（圖 5.15～5.18）。

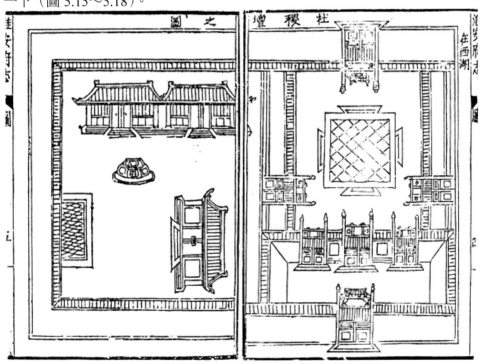

圖 5.15　淮安府社稷壇

（資料來源：萬曆《淮安府志》卷首圖經第 4 頁下～5 頁上）

〔註136〕　《四庫全書》史部，地理類，總志之屬，大清一統志，卷九十六，太原府，第7頁。

〔註137〕　《明會典》卷八十六‧禮部四十五‧祭祀七‧合祀神祇二‧諸司職掌。

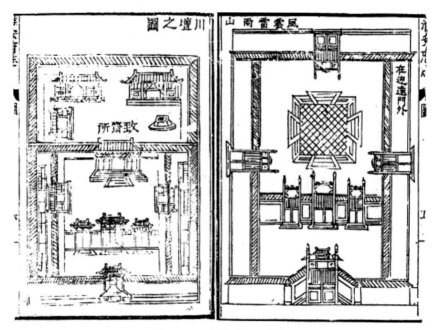

圖 5.16　淮安府山川壇

（資料來源：萬曆《淮安府志》卷首圖經第 5 頁下～第 6 頁上）

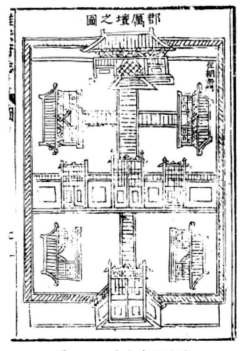

圖 5.17　淮安府郡屬壇

（資料來源：萬曆《淮安府志》卷首圖經第 7 頁上）

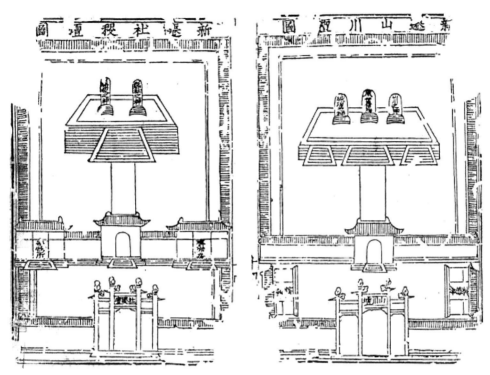

圖 5.18　宿遷縣社稷壇（左）和山川壇（右）

（資料來源：萬曆《宿遷縣志》卷首圖經第 14 頁）

並不是所有的地方志都會記載壇壝的具體尺寸，大多語焉不詳。弘治《保定郡志》記載了保定府社稷壇、山川壇的形制依太社爲據，郡屬壇不詳：

舊志云社稷壇在城西北三里，山川壇在城東南一里……國朝酌古準今並爲一壇，以太社五丈而殺其半，東西二丈五尺，南北如之，高三尺，四出階各三級，壇下前九丈五尺，東西南北各五丈，以垣繚之。立四紅油門，由北門入。……風雲雷雨山川壇前代風師一壇雨師一壇，在社稷壇東西。國朝洪武八年定制並爲一壇，南向。廣袤、石主與社稷壇同。〔註138〕

以下是弘治朝永平府的壇壝，其中有具體尺寸：永平府山川壇在府城南三里南山之麓，洪武初建。壇基一所，橫五十四步，直三十三步。永平府社稷壇在府城西三里，洪武初建，壇基一所，橫五十五步，直三十三步。永平府郡屬

〔註138〕弘治《保定郡志》卷 19《壇壝》，第 1 頁下～第 3 頁下。詳見本書附錄《明代北直隸地方志壇壝資料輯錄》。

壇在府城北四里，洪武初建，壇基一所，橫四十步，直三十六步。〔註139〕

正德朝臨漳縣壇壝：社稷壇在縣西北幾一里許，南北長一十七丈，東西闊二十六丈。壇高三尺，東西南北各二丈五尺。……風雲雷雨山川壇 在縣南幾一里許，南北長一十七丈五尺，東西闊二十七丈五尺。壇高三尺，東西南北各二丈五尺。壇制如社稷之數。……邑屬壇在縣西北幾一里許，南北長一十八丈，東西闊一十二丈。壇高三尺，東西南北各二丈五尺。外門一座，祭文碑一統。〔註140〕

嘉靖朝獲鹿縣壇壝：社稷壇……地廣：闊四十步，長四十八步，共地八畝。風雨雷雨山川壇，舊在縣南郭外迤東，嘉靖二十九年知縣孟經改建，鹿水東南西〔註141〕三十五步，南北三十七步，地四畝六分六釐七毫。屬壇縣城北迤東，長三十五步，闊二十四步，地四畝九分五釐八毫。〔註142〕如果按照明代營造尺的度量衡（明代一尺＝0.318m），獲鹿縣山川壇換算之後應作4畝9分一釐，獲鹿縣屬壇換算之後應作3畝1分8釐5毫，分別與地方志記載的「地四畝六分六釐七毫」和「地四畝九分五釐八毫」頗有出入，應該還有一些不規整的基地情況或者別的因素，而且嘉靖《獲鹿縣志》中山川壇和屬壇的基址規模與洪武禮制有出入。

嘉靖朝翼城縣壇壝：社稷壇在北門外西隅，周圍一百六十步……風雲雷雨山川壇在城南，周圍一百八十步，……邑屬壇在城北，周圍一百四十步。……鄉屬壇在各里，多廢。〔註143〕

嘉靖威縣壇壝：社稷壇在城西，壇崇三尺，東西二丈五尺，南北如之，四出陛，各三級，壇下前九丈五尺，周繚以垣，神廚宰牲房齋所各三間，俱在壇左。……風雲雷雨山川壇在城南，崇二尺五寸，東西二丈五尺，南北如之，四出陛，各三級，惟午五級，周繚以垣，神廚宰牲房齋所各三間，俱在壇左。……邑屬壇 在城北，崇二尺，延廣各二丈，前出陛三級，周繚以垣，神廚宰牲房齋所各三間，亭一以覆御製屬壇祭文碑。〔註144〕（圖5.19）

〔註139〕弘治《永平府志》卷5《壇壝》。
〔註140〕正德《臨漳縣志》卷五《宮室·壇壝》，第一頁。
〔註141〕原文如此，疑似筆誤，應作「東西」。
〔註142〕嘉靖《獲鹿縣志》卷4《壇壝》。
〔註143〕嘉靖《翼城縣志》卷三《祠祀志》第三頁上。
〔註144〕嘉靖《威縣縣志》卷5《文事志·祀典》。詳見本書附錄。

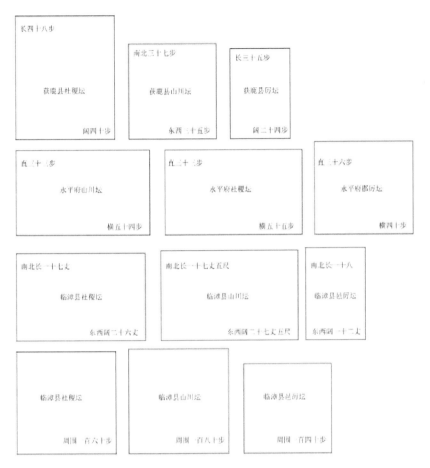

圖 5.19　正德朝臨漳縣、嘉靖朝獲鹿縣、翼城縣、
威縣壇壝規模示意（等比例繪製）（資料來源：自繪）

5.4　小結

跟《大明會典》等官方文獻相比，各地方志壇壝史料呈現了更多的一些細節性內容，結合各方面的文獻資料的證據和數據，得到以下一些研究結果。

（1）社稷壇、山川壇、厲壇、城隍廟和文廟是惟一的明代的每座府、州、縣城必有的壇和廟，在鄉村則是里社壇、土地祠（或土地廟）和鄉學。這些祭祀空間和學校一樣，是中國明代城市和鄉村不可或缺的空間要素，與那些時有時無、和城市關係若即若離的先農壇、關帝廟、龍王廟等不同，是明代特有的場所，並被清代所傳承，從而構成了明清中國區別於其他國家（民族）地域空間的特徵之一。

（2）明代城市的社稷壇、山川壇、厲壇、城隍廟、文廟和鄉村的里社壇、土地祠（或土地廟）和鄉學，是明代城市營建的制度性安排結果，即祭祀禮制與科舉制度的產物，它們與散佈在城鄉的諸多寺廟道觀等一起，體現了宗法制度（包括家廟之制、祠堂禮制）和善神崇拜，具有家國同構與城鄉同構的特質，是明代人文地理特徵之一。

（3）城牆只是一個區別城市內外的有形標識，有時候壇墠可以和衙署一樣，作爲區別城市與農村的標準，雖然這個標準受到質疑，因爲河南朱仙鎮、湖北漢口鎮、江西景德鎮、廣東佛山鎮「中國四大名鎮」並沒有衙署，理論上是非行政城市，但是普遍認爲它們是城市。

（4）等級與規制：明代社稷壇分爲 5 個等級：依次是太社稷壇、帝國社稷壇、王國社稷壇、府州縣社稷壇與里社鄉社，各自具有相應的規制。

（5）方位：其中太社稷壇、帝國社稷壇在城內，府州縣社稷壇大體遵洪武禮制布置在城牆外的西郊，但是也有個別遷徙或不合禮制的情形。府州縣的山川壇、厲壇位於城外的南郊與北郊。

（6）數量：明代每一座府、州、縣城，只有一套社稷壇、山川壇、郡厲壇或邑厲壇（此處不含數量不一的鄉村裏社壇），這一點與城隍廟、文廟不同。倚郭的縣城，也有自己的文廟，因此府城會出現兩個文廟。明代中後期北直隸之外的個別城市出現兩個城隍廟（例如成都）。

如弘治年間北直隸保定府的壇墠：「社稷壇在郡城西北，風雲雷雨山川壇在郡城東南。舊志云社稷壇在城西北三里，山川壇在城東南一里。」〔註145〕保定府的倚郭清苑縣禮從行祭就是這個府城保定的壇墠，嘉靖《清苑縣志》更爲詳細：「社稷壇在城西北三里，齋房六間，神廚三間，宰牲房三間，守壇門子一名。風雲雷雨山川壇在城南門外，齋房六間，神廚三間，宰牲房三間。郡厲壇在城北門外，廚房三間，宰牲房三間。」

清代康熙《宛平縣志》中的一段話似乎可視作一種解釋：「壇墠：禮曰天子祭天地則諸侯以下不得祭之，以名禮統與尊之義也。今宛平一邑也，何以志朝廷之壇墠乎，蓋京城之地皆縣地也。國家凡有營建不出二邑境，外放分而載之以識其處所，豈敢識其祀典哉……先農壇，在天壇西對。社稷壇在大內午門外迆西。夕月壇，在阜城門外西南。」〔註146〕《明太祖實錄》卷一七

〔註145〕弘治《保定郡志》卷十九，《壇墠》，第 1 頁。
〔註146〕康熙《宛平縣志》卷 2，第 5～6 頁。

四的記載引人注意，洪武十八年秋七月：己卯，禮部議天下府州縣先師孔子及社稷山川等祀，如縣之附府者，府既祭，縣亦以是日祭，誠爲煩瀆，自今縣之附府者，府祭，縣罷之。詔從其議。〔註147〕正是這一詔令，使得附郭縣從前的社稷壇等壇廟遭到了廢祭。

或許有以下一些原因來解釋上述明代府州縣壇廟之制的複雜性。

第一，在傳統中國，祭祀屬於國家大典，祭祀的功用，除了祈福避祟之外，還是神道設教的重要途徑，朝廷與地方各有所司，明中都（鳳陽）與兩京（南京、北京）的壇廟在祭祀對象和種類上明顯有別於地方城市。比起繁文縟節的祭祀典禮來，壇壝的建築也許相對簡單。〔註148〕

第二，從明初洪武朝禮制初備，隨著兩京制形成之後的永樂朝承制，直至明中期嘉靖朝改制，祭祀禮制在變化，壇廟規制也相應進行著調整，這一點對於都城的壇廟影響尤甚。

第三，隨著歲月的變遷，各個地區的自然地理條件也在改變，城址遷徙的情形時有發生，壇廟或興或廢不一而足，部分地導致個別地方志中關於壇壝方位的文本和圖像不符，地理錯置。

第四，各地的經濟和財政收支狀況也是千差萬別，加之明代行政制度下的地方官員遷轉快、任期短，有「官不修衙，客不修店」的說法，地方官員在面臨官署、壇壝、河道等的公共工程時往往因循苟且，缺乏熱情，因而各地壇廟建置與修繕時間並不整齊劃一。

第五，各地對於洪武元年（1368 年）頒行的社稷壇禮制的不同解讀，即「洪武禮制，祭祀儀式，社稷，府州縣同：壇制東西二丈五尺，南北二丈五尺，高三尺，四出陛各三級，壇下前十二丈或九丈五尺，東西南各五丈，繚以周牆，四門紅油，北門入」〔註149〕，反映在了各地社稷壇、山川壇、厲壇的規制參差不齊，各行其是。雖然存在這樣的情況，各地的壇壝情形雖然紛繁，但畢竟都必須大體遵循大的朝代背景下的制度框架。

〔註147〕胡廣等纂修，明太祖實錄，卷一七四，洪武十八年秋七月己卯條，臺北：中央研究院歷史語言研究所校印本，1962：2650。

〔註148〕這種祭祀禮儀在文獻中俯拾皆是。另外，有興趣的讀者不妨閱讀沈榜《宛署雜記》第十四卷《以字》「經費上」，其中記載「壇壝」的折價費用頗爲詳細。〔明〕沈榜，宛署雜記，北京：北京古籍出版社，1982：第 27，49，121～122 頁。

〔註149〕《明會典》卷八十六‧禮部四十五‧祭祀七‧合祀神祇二‧諸司職掌。

第 6 章　明代北直隸府州縣城隍廟

6.1　概述

　　城隍原爲中國民間宗教祭祀之神，唐以後其祭祀愈爲普遍，宋代已經列於國家祀典，至明洪武朝初年，國家祀典中的城隍祭祀制度化，這種制度化又推動了城隍信仰、祭祀在民間的普遍化。

　　城隍神是明代以來官方和民間最有影響力的神祇之一。明初洪武改制，城隍神被封爲王、公、侯、伯的爵位，並規定了都府州縣城隍神不同的品級，朝廷下令各級行政單位建立城隍廟，城隍神信仰趨於極盛。〔註1〕自上而下地推進民間信仰的傳播從而加強對基層社會的控制，是行政手段之一，明初朝廷對城隍神的封賜亦如是。

　　朱元璋本著「國之所重，莫先廟社，遂定議以明年爲吳元年，命有司營建廟社，立宮室」〔註2〕，明朝初創之際就著手對國家禮制的重新整頓，首先以恢復祭天儀式和場所開始。洪武元年（1368年），命「禮官及翰林、太常諸儒臣」稽考祭祀制度。二月壬寅，中書省左丞相李善長、翰林學士陶安等人

〔註1〕 關於洪武二年朱元璋對城隍神的賜封問題，日本學者濱島敦俊有多篇專題論文，參閱《明清江南城隍考——商品經濟的發達與農民信仰》（譯文），沈中琦譯，載《中國社會經濟史研究》1991年第1期；《明初城隍考》（譯文），許檀譯，載《社會科學家》，1991年第6期；《朱元璋政權城隍改制考》，載《史學集刊》1995年04期。國內學者趙軼峰對《明初城隍考》一文持異議，參見《明初城隍祭祀——濱島敦俊洪武「三年改制」論商榷》，載《求是學刊》，2006年第1期。張傳勇、於秀萍認爲趙軼峰對中國城隍信仰研究不足，並對濱島的研究存在諸多誤解，使得商榷本身存在許多值得探討之處，參見《明初城隍祭祀三題——與趙軼峰先生商榷》，載《歷史教學（高校版）》，2007年第8期。

〔註2〕 胡廣等纂修，明太祖實錄，卷二十一，吳元年八月己未條，臺北：中央研究院歷史語言研究所校印本，1962：311。

分別考證了圓丘（天壇）、方丘（地壇）、郊社（社稷）、宗廟的歷史，提出新的祭祀制度。〔註3〕十月丙子，詔令地方郡縣，將「名山大川、聖帝明王及忠臣烈士，有功於國家及惠愛黎民者」具體事蹟上報，著錄祀典。〔註4〕十二月己丑，命府州縣建造社稷壇並加以祭祀。〔註5〕

6.2　城隍廟——官方祠廟

　　明代對於祭祀對象的規範化，有著不同於前代的鮮明特徵。這一系列有關禮制改革的舉措中，規定了明代城隍制度：「洪武二年春，正月丙申朔，……封京都及天下城隍神。」〔註6〕這一套王公侯伯的等級制度，表明城隍神被列入了國家祀典行列，在細節上則作出了相應的城隍神像章服規定（表6.1）。〔註7〕從此開始的歷程，使得城隍廟成為惟一的明代每座城市必有的廟。

表6.1　洪武二年封京都及天下城隍神表

都府州縣	洪武二年				洪武六年
	明代地名	今地名	城隍神爵位	官秩	廟制
都城	應天府	南京	承天鑒國司民升福明靈王		其制，高廣各視官署廳堂，其几案皆同，置神主於坐
府城	開封府	開封	承天鑒國司民顯靈王	正一品	
	臨濠府	安徽省鳳陽縣	承天鑒國司民貞祐王	正一品	
	太平府	安徽省當塗縣	承天鑒國司民英烈王	正一品	
州城	和州	安徽省和縣	承天鑒國司民靈護王	正一品	
	滁州	安徽省滁縣	承天鑒國司民靈祐王	正一品	
其餘府城			鑒察司民城隍威靈公	正二品	
其餘州城			鑒察司民城隍靈祐侯	正三品	
其餘縣城			鑒察司民城隍顯祐伯	正四品	

（資料來源：《明太祖實錄》卷38）

〔註3〕　胡廣等纂修，明太祖實錄，卷三十，洪武元年二月壬寅條，臺北：中央研究院歷史語言研究所校印本，1962：507～514。

〔註4〕　胡廣等纂修，明太祖實錄，卷三十五，洪武元年十月丙子條，臺北：中央研究院歷史語言研究所校印本，1962：632。

〔註5〕　胡廣等纂修，明太祖實錄，卷三十七，洪武元年十二月己丑條，臺北：中央研究院歷史語言研究所校印本，1962：746～747。

〔註6〕　胡廣等纂修，明太祖實錄，卷38，洪武二年春正月丙申條，臺北：中央研究院歷史語言研究所校印本，1962：755。

〔註7〕　胡廣等纂修，明太祖實錄，卷38，洪武二年春正月丙申條，臺北：中央研究院歷史語言研究所校印本，1962：755～756。

洪武三年再次頒詔，一方面否定前代祭祀制度：「考諸祀典，如五嶽五鎮四海四瀆之封起自唐世，崇名美號歷代有加」，「在朕思之則不然。」〔註8〕

另一方面再次申明本朝制度：夫禮所以明神人，正名分，不可以僭差……天下神祠無功於民不應祀典者即淫祠也。有司無得致祭。於戲，明則有禮樂，幽則有鬼神。其禮既同，其分當正，故茲詔示，咸使聞之。〔註9〕即以是否有功於國家，是否惠愛黎民，成為不可逾越的祭祀法規，否則就是「淫祠」。

城隍神作為「城」與「隍」的化身，職能是護城衛民、祛災除患、懲治惡鬼、安撫厲鬼、護祐善者。因此，建城必有神為之主，有神必有祠廟以居之，在一座建有城池的城市中應有城隍神棲居之地，這成為建造城隍廟的基本依據。

對於城隍之神的禮從與城隍廟的建築等級規制，體現了明代對於城池建造與防衛的重視。城隍一詞最初並非指保護城市的神靈，而是泛指城市、城鎮、城池等，出於安全事宜，每座城市請一位專有神靈作保護神。唐代文獻中就偶而出現關於城隍廟修造的記載，宋代迫於戰事的壓力，在各地興建了城隍廟，元代也有城隍廟的建造。而明代則將城隍廟的建造制度化，一方面將城隍廟中的神像改為木主，一方面要求各府州縣都要對各地的城隍禮拜祭祀。

6.3 城隍廟建築規制

6.3.1 建築規制

明洪武三年（1370）制定了具體的城隍廟建築之制──「高廣視官署廳堂」，就是其建築規制與所在城市的治所衙署建築的等級與規制一致，這個規制更多的是針對建築單體形制的。《明太祖實錄》云：

> 洪武三年六月戊寅，詔天下府州縣立城隍廟，其制高廣，各視官府官署廳堂，其几案皆同。置神主於座。舊廟可用者，修改為之。

〔註10〕

〔註8〕 胡廣等纂修，明太祖實錄，卷53，洪武三年六月癸亥條，臺北：中央研究院歷史語言研究所校印本，1962：1035。

〔註9〕 胡廣等纂修，明太祖實錄，卷53，洪武三年六月癸亥條，臺北：中央研究院歷史語言研究所校印本，1962：1035。

〔註10〕 胡廣等纂修，明太祖實錄，卷53，洪武三年六月戊寅條條，臺北：中央研究院歷史語言研究所校印本，1962：1050。

《續文獻通考·群祀考三》載：「洪武三年，詔天下府子州縣立城隍廟，其制高廣各視官署正衙，几案皆同。置木主，撤塑像，取其泥塗壁繪以雲山。」〔註11〕《明史》記載了地方官的責任之一就是對其屬地城隍神的禮拜與祭祀：

> （洪武）三年，詔去封號，止稱其府州縣城隍之神。又令各廟屏去他神。定廟制，高廣視官署廳堂。造木爲主，毀塑像異置水中，取其泥塗壁，繪以雲山。六年，制中都城隍神主成，遣官齎香幣奉安。京師城隍既附饗山川壇，又於二十一年改建廟。尋以從祀大禮殿，罷山川壇春祭。永樂中，建廟都城之西，曰大威靈祠。嘉靖九年，罷山川壇從祀，歲以仲秋祭旗纛日，並祭都城隍之神。凡聖誕節及五月十一日神誕，皆遣太常寺堂上官行禮。國有大災則告廟。在王國者王親祭之，在各府州縣者守令主之。〔註12〕

從本文第三章中已經得知，中國地方官衙的建築格局到明代發生的一個變化是明洪武二年頒佈了衙署規制，這一規制與前朝的不同，主要體現在「府官居第及各吏舍皆置其中」。既然是城隍神，自然就不再需要承載居住功能的建築群落，因此城隍廟的建築組群進深比治所衙署要小。

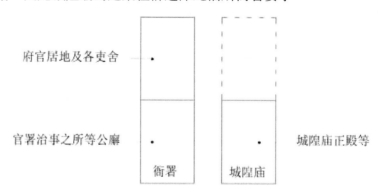

圖6.1　明代北直隸治所衙署與城隍廟建築組群的進深差異示意

（資料來源：自繪）

這個建築規制也就是「式」，各地基本上都會依循。如關於北直隸河間府南皮縣城隍廟：「南皮縣城隍廟，宣德元年知縣張麟創造，正德四年知縣陳毅重修。翰林寺講學士曾鶴齡撰重修城隍廟記。天下郡縣眾矣而皆有城隍，城隍之神載在祀典，自守令而下始至則祀之，朔望則謁之，水旱疫癘則禱焉，其靈感昭格

〔註11〕　清文淵閣《四庫全書》版，《欽定續文獻通考》卷七十九，第19頁。
〔註12〕　清文淵閣《四庫全書》版，《明史》卷四十九，第28頁。

－204－

實能爲民降福祥弭災害，而廟貌庭宇門廡之制崇卑廣狹皆有定式。」〔註13〕

　　明代北直隸城隍廟的建築規制零星見於地方志。府級城隍廟以嘉靖年間清苑縣爲例，清苑縣是保定府倚郭，嘉靖《清苑縣志》記載的是保定府城隍廟。需要指出的是，文中明確指出嘉靖年間的府城保定府和倚郭清苑縣使用同一個城隍廟：

　　　　城隍廟在縣治北，洪武二年（1369）知府任亨鼎建，成化七年

　　　　（1471）知府張律修。正殿五間，司房東西各十五間，寢殿三間，

　　　　儀門、大門各三間。〔註14〕（圖6.1）。

　　州級城隍廟以弘治年間易州爲例：「城隍廟，在州治東北五百步，永樂十四年同知裴璉修，景泰四年王鑄重修，弘治十年知州周洪重建，工未就升去，戴敏繼助完工。正殿三間，寢殿三間，兩廊二十四間，二門三間，大門三間，瘟神祠一間，子孫神祠三間。」〔註15〕由此可知弘治年間的易州城隍廟在中軸線上設置了大門、儀門、正殿、寢殿，形成了三進院落（圖6.2）。

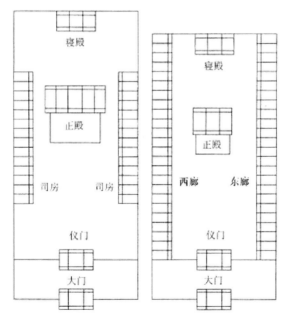

圖6.2　明代北直隸嘉靖朝清苑縣（保定府）城隍廟（左）
與弘治朝易州城隍廟（右）（資料來源：自繪）

〔註13〕嘉靖《河間府志》卷9《典禮》，第7頁。
〔註14〕嘉靖《清苑縣志》卷三，第43頁。
〔註15〕弘治《易州志》卷三《神祀》，第10頁。

由於明代方志中所載城隍廟圖稀少，現存北直隸方志中未見城隍廟插圖。也爲了可以更清楚地分析明代城隍廟，弘治《岳州府志》載有的湖南岳州城隍廟圖殊爲難得，可資比較（圖6.3），是州一級的城隍廟。

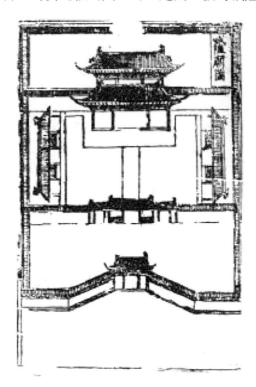

圖 6.3　岳州城隍廟

（資料來源：弘治《岳州府志》卷一）

縣級城隍廟的例子來看一下北直隸洪武朝的威縣與嘉靖朝蠡縣（圖6.4）：

（威縣）城隍廟在縣治西，大門三間，儀門三間，前殿三間，廡三間，後殿三間，洪武十三年（1380）知縣朱恒建。弘治十二年（1499）知縣劉鎰修。正德十六年（1521）知縣崔節增建東西神宇各七間。嘉靖六年（1527）知縣錢木修。今知縣胡容重修。〔註16〕

（蠡縣）城隍廟在縣治西，崇基上前建門樓次串，廳塑神馬，中爲廟三楹重簷，設銅像，有東西序，有後寢，圍以短垣。〔註17〕

〔註16〕嘉靖《威縣志》卷五，《文事志》祀典，第2頁。
〔註17〕嘉靖《蠡縣志》，《建置第二》，第9頁。

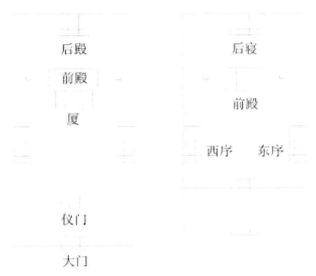

圖 6.4　洪武朝威縣城隍廟（左）和嘉靖朝蠡縣城隍廟（右）

（資料來源：自繪）

　　明代一些城隍廟是從別的建築改建而來。例如北直隸永平府的城隍廟原先是道觀，弘治《永平府志》云：「永平府的城隍廟在府治東南三百步，洪武九年（1376）同知梅圭，改紫陽觀建。永樂二十二年（1424）民人蕭宏等重建，成化七年（1471）知府王璽增建香亭，弘治二年（1489）知府王問重修。」〔註18〕

　　綜上所見，明代北直隸府州縣級城隍廟的平面格局基本相似，都是在中軸線上布置大門、儀門、正殿和寢殿，並在正殿之前東西兩側設置廊屋，形成三進院落，其等級大小也許體現在面闊與進深的尺寸上。

6.3.2　方位選址與數量

　　從文獻上來看，北直隸的城隍廟選址方位不一（參見附表2），一般都設在城牆之內，但是也有在城牆之外的，如原良鄉城隍廟在縣西南隅，景泰二年（1451）因爲築城而把廟隔在城牆之外，後來景泰六年又於擇地城內西北隅興建。〔註19〕如定興縣城隍廟「在縣治東南一里，元延祐五年邑人張伯祥等始創，

〔註18〕　弘治《永平府志》卷5《祠廟》，引自董耀會主編，秦皇島歷代志書校注：永平府志（明・弘治十四年），北京：中國審計出版社，2001：70。

〔註19〕　清文淵閣《四庫全書》版，《日下舊聞考》卷一百三十三，第20頁：「原良鄉城隍廟舊在縣西南隅，景泰二年（1451）因築城而廟遂隔於城外，潯陽鄭智爲主簿謀於知縣賈祗，擇地於城內西北隅建廟，以景泰六年二月興役，明年七月工竣。《呂文懿集》。」

元末廟宇已廢，洪武八年（1375 年）下禮起蓋，碑文錄於後。」〔註20〕慶都縣城隍廟「在縣治西北，洪武十七年知縣解本忠建。」〔註21〕

　　查閱明代官方文獻和地方志的過程中發現，北直隸府州縣倚郭的城隍廟和壇壝一樣，基本共用的是府城的城隍廟和壇壝，只有發現永年縣擁有自己獨立的城隍廟（圖6.5）；而且這個格局被清代傳承，一直保留至清末光緒朝（圖6.6）。

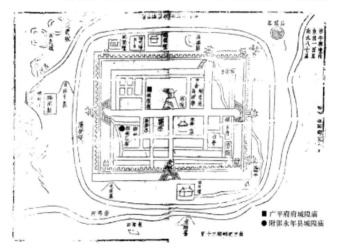

圖 6.5　崇禎《永年縣志》城池圖上顯示府城隍廟與縣城隍廟

（資料來源：崇禎《永年縣志》）

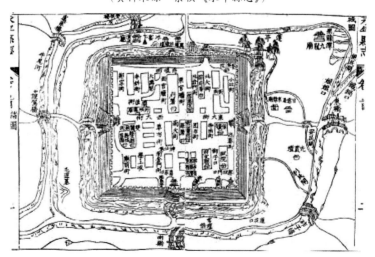

圖 6.6　清光緒三年（1877）永年縣城圖

（資料來源：光緒《永年縣志》）

〔註20〕　弘治《保定郡志》卷20《祠廟》，第 13 頁。
〔註21〕　弘治《保定郡志》卷20《祠廟》，第 10 頁。

明代都城隍廟有三，北京、南京及中都鳳陽各有其廟，顯示了都城隍廟的尊貴地位。北京的情形比較特殊，北京都城隍廟的歷史始於元代。元至元四年（1267 年），元世祖開始興建元大都。至元七年（1270 年），諸位大臣諫言，「大都城既成，宜有明神主之」，請求建立城隍廟，元世祖應允，並在城西南角選地建廟，封城隍爲「祐聖王」。元文宗天曆二年八月（1329 年），加封大都城隍神爲護國保寧王，夫人爲護國保寧王妃。〔註22〕

明代永樂年間遷都北平後，重修都城隍廟，主殿爲大威靈祠。〔註23〕其建築序列載於《春明夢餘錄》：「原都城隍廟，在都城之西，永樂中建。中爲大威靈祠，後爲寢祠，左右爲齋，兩廡爲十八司，前爲闡威門，門外左爲鐘鼓樓，又前爲順德門，又前爲都城隍門。」

宣德五年（1430）六月命行在工部修北京城隍祠。〔註24〕正統十二（1447）年十一月重建城隍廟。明英宗重建城隍廟御製碑文詳盡描述了建築規制，紀略如下

　　　　城隍廟在都城西南隅，城完之日令更造焉。中作正堂，後爲神
　　　寢，堂之前爲正門，自堂左右至門翼以周廊，如官司之職掌以案名

〔註22〕　清文淵閣《四庫全書》版，《道園學古錄》卷二十三，第9～10頁，（元）虞集撰《大都城隍廟碑》碑文：「世祖聖德神功文武皇帝，至元四年，歲在丁卯，以正月丁未之吉，始城大都。立朝廷宗廟社稷、官府庫庾，以居兆民，辨方正位，井井有序，以爲孫子萬世帝王之業。七年。太保臣劉秉忠、大都留守臣段貞，侍儀奉御臣呼圖克斯、禮部侍郎臣趙秉溫言，大都城既成，宜有明神主之，請立城隍神。上然之，命擇地建廟，如其言得吉兆於城西南隅，建城隍之廟，設像而祠之，封曰祐聖王，以道士段志祥宮其旁，世守護之，自內廷至於百官庶人，水旱疾疫之禱，莫不宗禮之。爾來六十有餘年，國家治平民物繁阜日盛一日，而神之所依亦厚矣，祀典之載所謂有其舉之而莫之敢廢者歟，乃天曆二年二月庚子，皇后遣內侍傳旨中政院臣使言於上，曰城隍神世祖皇帝時所建，有禱必應，烜赫彰著而廟久弊弗葺，無以答神明之既以繼世祖之意，請出內帑寶鈔五萬緡以修制，曰可。命京尹臣貫臣董之太師以諏日弗協請。俟其吉九月，中書參知政事臣趙世安等奉敕封神曰護國保寧祐聖王，其配曰護國保寧祐聖王妃。」另參見，明・宋濂等《元史・本紀文宗二》。

〔註23〕　（清）吳長元輯，宸垣識略，卷九《內城三》，北京：北京古籍出版社，1983年，第 136～138 頁。下文後接明人朱國禎《湧幢小品》的記載：「原北京都城隍廟中有石刻北平府三大字，此國初舊物。一老卒云：其石長可丈六尺，下有城隍廟三字，既建北京，埋而露其頂。儀門塑十三省城隍。皆立像。左右相對。每歲順天府官致祭。」

〔註24〕　李時勉等，明宣宗實錄，卷六十七，宣德五年六月戊子條，臺北：中央研究院歷史語言研究所，1962：1583。

者十二，廊東西中特起如堂者二，名左右司，正堂以祠城隍之神，而旁以居其輔相者各以序置。門之外爲重門，東西置鐘鼓樓，其後各有舍，以棲其守護之人。蓋總爲屋以間計者一百九十，其地以丈計者深七十一廣四十一有奇。材出於官之素，具工役於力之常，供一無所預於民。成不浹旬而功倍於累月，孟子所謂不日成之或庶幾焉。〔註25〕

嘉靖丁未（二十六年，1547）都城隍廟遭火災，翌年（1548）詔工部重建。〔註26〕萬曆三年（乙亥，1575年）孟夏重修。〔註27〕

圖 6.7　北京都城隍廟（西城區成方街 33 號）

（資料來源：自攝）

〔註25〕柯潛等，明英宗實錄，卷一七一，正統十二年十一月壬辰條，臺北：中央研究員歷史語言研究所，1962：3108～3111。

〔註26〕清文淵閣《四庫全書》版，《日下舊聞考》卷五十，第14頁，「嘉靖二十七年正月都城隍廟災，詔工部重建。《嘉隆聞見紀》。」從下文「趙符庚重修城隍廟碑略：都城西南隅，朝廷建祠以奉城隍神祀，嘉靖丁未毀於火，命工部尚書文明重建。」判斷，都城隍廟遭火災應該是嘉靖丁未，即二十六年（1547）。

〔註27〕清文淵閣《四庫全書》版，《日下舊聞考》卷五十，第14頁。

　　每年祭祀期間，都城隍廟附近逐漸形成廟會，後來更發展到每月初一、十五、二十五日開市，成為京師重要廟會之一。《帝京景物略》記：「城隍廟市，月朔、望，廿五日，東弼教坊，西逮廟犀廡，列肆三里。圖籍之曰古今，彝鼎之曰商周，匜鏡之曰秦漢，書畫之曰唐宋，珠寶象玉珍錯綾緞之曰滇粵閩楚吳越者，集市族族行而觀者云，貿遷者三，謁乎廟者一。」〔註28〕

　　清代北京沿用明代都城隍廟建築規制並屢加修繕，「今廟中殿廡門樓規制及殿門扁額，與春明夢餘錄所載符合。……都城隍廟歷代以來敬禮崇飾，本朝雍正四年（1726），乾隆二十八年（1763），屢發帑興修，恢宏巨麗視昔有加。」〔註29〕

　　清《清史稿》說：「都城隍廟有二：舊瀋陽城隍廟，自元訖明，祀典勿替。清初建都後，升為都城隍廟，有司以時致祭。其在燕京者，建廟宣武門內。順治八年仲秋，遣太常卿致祭，歲以為常。」〔註30〕

　　明代宛平、大興縣倚郭北京城，那麼宛平、大興縣是否設立自己專有的城隍廟呢？有三塊碑文可以揭示這個問題。

　　第一，新建宛平縣城隍廟碑記，額題：「萬古流芳」，陰額題：「光垂日月」，清嘉慶十七年（1812）八月立，穀旦撰文，地點：西皇城根。

　　　　縣之有城隍者，社稷之義也。宛平隸天子紫城，舊有府城隍廟，而縣故別無專祀。嘗考縣署西有保安寺一所，久不葺，其東旁，真武殿三間亦日就頹圮，中有殿三楹，民人奉為城隍神殿，每屆四月二十二日，旗民人等於茲集舉城隍神會不下數十年，此無他，有其名而不察其義。所謂城隍會者，猶之成群置社秋各報賽云爾，夫明則有賞罰、幽則有禍福之說，民尤敬而信之。古先王神道設教，有民人則有社稷以禮防民，而即使民自防之，祀事孔明義至重也。余宰是邑凡三載之歲舉，神會者香火日盛而廟貌未新，寺僧清雲立願募修，余既嘉僧之志，且從民之欲捐資首倡，並集邑之老成人，鳩工集事，其自前後神殿以及廊廡門牆，不匝月而工畢，凡以順輿情歙神也。後之君子因其舊而潤澤之是又有厚望焉。

　　第二，新建宛平縣城隍行宮山門碑記，額題：「芳名不朽」，陰額題：「果

〔註28〕　清文淵閣《四庫全書》版，《日下舊聞考》卷五十，第 12～15 頁。
〔註29〕　清文淵閣《四庫全書》版，《日下舊聞考》卷五十，第 15 頁。
〔註30〕　清史稿，卷八四，《禮制三》，北京：中華書局，1977。

行碑記」，清嘉慶十七年（1812）九月十一日立，地點：西皇城根。

　　蓋聞城者城也，隍者池也，故凡有城池者皆有城隍之神。然考
之古無專祀之典，自六朝而後始有專祀，迨夫宋元以來，其神之顯
應見於諸家之傳，祀者不一而足，凡府州縣各有其神，而各有其廟
以祀之，比比然矣。惟茲宛平縣治附輦轂而近府署，其城隍之神顯
應感化隨身現身之處真不可思議，非言語得而罄也，但未建有廟宇。
今附近保安禪寺主持，僧叩募眾善，營建城隍行宮前後配殿，爲每
歲聖會起居之所，諸雖煥然而山門尚頹敗未葺。今有北果市五城內
外乾鮮果行旗民眾等捐資，鳩工竣事，使內外一新，神心安而人亦
貼矣，因眾善等預願會議每逢天臘元宵二節，獻供懸燈，永施不替。

　　北京「清移建昭顯城隍廟碑記」，額題「萬古流芳」，劉永懷誌，同治十
一年（1872 年）十二月立，碑陰題名，碑側聯語。

　　大興者古薊燕也，乃唐宋屬之幽雲十六州，隸入遼金至元，海
內疆宇之廣弗逾於斯盛。迨明永樂初元敕其少師姚道衍即廣孝也，
開拓故元城池，復宏宮殿，至十八年北遷已增是縣，係在禁城東北
隅，爲京兆左翊。我聖朝定鼎以來，凡天下府廳州縣、城隍府祠，
莫不尊嚴優加廟貌，載在祀典。惟有我縣神廟向在頭門，西壁僅屬
一楹，由明迄今四百六十餘年，所從來湫隘過甚。竊思都邑乃首善
之區，殊不足以壯觀瞻，時賴城隍尊神威靈昭應，境內禦患捍災，
凡有忠孝節義無不默護，斯以紳民感戴神貺。至我同人集議另奉啟
宇，倡率備資。余自庚午（1870）冬在縣之坤方置有空地一段，南
北長廿六丈三尺，東西十三丈有奇，敬購採棟樑，稟請鄭明府沂公
爲陽曲魯南先生準修在卷。頻承諸君令余視工各務敢不竭誠，矢勤
矢慎，且誓願在前，豈弛怠於後哉。旋於壬申（1872）孟春鳩工興
建，大殿三間，東西耳殿二間，焚化寶庫二座，東西配殿六間，東
客堂二間，二層腰殿三間，山門五間，群房等宇茸造，歲餘諸工畢
竣，巍煥宏麗，夫數百年偏設之廟堂仰成。

　　因此，從清朝嘉慶十七年所立「新建宛平縣城隍廟碑記」和「新建宛平
縣城隍行宮山門碑記」得知，明代宛平縣沒有城隍廟。而從「清移建昭顯城
隍廟碑記」可知，大興縣曾在永樂年間在一個叫「頭門」的偏遠之地建有城
隍廟，清朝同治十一年移建至縣衙對面，即今大興胡同（圖 6.8）。如今僅存

山門，門兩旁有同治十年（1871 年）刻的石楹聯：「陽世奸雄違天害理皆由己；
陰司報應古往今來放過誰」。

圖 6.8　清朝移建的大興縣之城隍廟，今存山門

（資料來源：自攝於 2009 年 11 月東城區交道口南大興胡同 18 號）

　　在城隍神制度化的明代，並沒有哪一個朝代明令附郭縣修建或不建城隍
廟。但是，北直隸之外的明代方志也曾提到附郭不立城隍廟，例如嘉靖《浙
江通志》卷十九《祠祀志》亦云，城隍廟「各府州縣俱設，……其縣附府者
不另立廟」。〔註31〕那麼，附郭不立城隍廟所依據的是什麼呢？

　　《明太祖實錄》記載，洪武十八年秋七月：

　　　　己卯，禮部議天下府州縣先師孔子及社稷山川等祀，如縣之附

　　府者，府既祭，縣亦以是日祭，誠為煩瀆，自今縣之附府者，府祭，

　　縣罷之。詔從其議。〔註32〕

　　正是這一詔令，使得附郭縣從前的社稷壇、山川壇等壇廟因為「煩瀆」
而被廢祭。作為天下通祀諸神之一，城隍神也應在罷祭之列。但在明代，城

〔註31〕　嘉靖《浙江通志》卷十九《祠祀志》，第 1 頁。
〔註32〕　胡廣等纂修，明太祖實錄，卷一七四，洪武十八年秋七月己卯條，臺北：中
　　　　央研究院歷史語言研究所校印本，1962：2650。

隍無專祭，惟春秋附祀於山川壇。因而罷祭者當爲壇祭之城隍神，至於城隍廟，無論從哪一方面講，存與廢都是兩可的，因此可以說，如果有存留至此時的附郭城隍廟，或者會因此而廢棄。

但是在北直隸之外，亦有例外。從明代中葉起，附郭縣開始擁有自己的城隍廟，如蘇州府首邑吳縣於萬曆二十三年創建城隍廟，崇禎十三年知縣牛若麟作記，以爲「郡有神則縣亦有神矣」，故吳縣立廟「於義誠協」。〔註33〕

一般說來，城隍廟位於城牆之內，但也有在城外的情形。例如浚縣的城隍廟不在城內，位於城外浮丘山東麓。〔註34〕有時候，一座城市的城隍廟不止一個，如北直隸束鹿縣有 4 個：「城隍廟，在縣治西北，洪武三年八月知縣李子儀建；一在縣治南一里，洪武三年知縣李子儀建；一在縣治東北二十里北郭社至治，癸亥年民從禮等建；一在縣治西南 30 里安吉社，元至正二年鄉民李瑁建。」〔註35〕

個別城隍廟選址是變化的，例如唐山縣城隍廟，成化《順德府志》卷八記：「祠廟。城隍廟縣治南」〔註36〕；而萬曆《順德府志》卷一記：「城隍廟縣治西」。〔註37〕對此有兩種解釋，一種是唐山縣城隍廟移位了；另一種是記載有誤。信仰是複雜的，有異例和例外也是正常的——上面所示的明代崇禎十四年（1641）和清代光緒三年（1877）《永年縣志》中的社稷壇方位在北城牆的西側，大體符合明代府州縣社稷壇的方位規制，嚴格意義上卻也不是最合乎規矩的。〔註38〕

6.4 其他廟宇

明代北直隸還有很多廟宇，如北方地區多見的馬神廟、關帝廟、八蠟廟、東嶽廟、龍王廟等，這些祠廟也是北直隸民間信仰的一部分。明代北直隸的

〔註33〕 牛若麟《吳縣城隍廟記》，崇禎《吳縣志》卷十九《壇廟》。

〔註34〕 正德《大名府志》卷四《廟貌》，第 16 頁。

〔註35〕 弘治《保定郡志》卷二十《祠廟》，第 11 頁。

〔註36〕 成化《順德府志》卷八。此處引自，邢臺市地方志辦公室編，成化《順德府志》（明代兩朝三部珍本），重印本，非公開發行，2007：139。

〔註37〕 萬曆《順德府志》卷一《典祀志》。此處引自，邢臺市地方志辦公室編，萬曆《順德府志》（明代兩朝三部珍本），重印本，非公開發行，2007：93。

〔註38〕 此處引用的版本分別是：，明〔崇禎〕宋祖乙修，申佳胤等纂，明代崇禎十四年（辛巳 1641 年）刻本《永年縣志》；（清）夏詒鈺等纂修，清光緒三年（1877）刊本《永年縣志》。

各級府州縣是不同等級的文化交流中心，相對集中地分佈了眾多的宗教和民間信仰的祭祀廟宇、壇觀。由於各地區的自然和歷史狀況差異，社會傳統又往往不僅相同，從而形成各府州縣之間的差異。但由於規模較小，布置零散，對於城市形態的影響不如城隍廟，並且由於缺乏足夠翔實的研究資料，難以深入。附表 3 是本文統計的北直隸祠廟數量與選址方位，可資參考。

　　本文的文獻依據主要是以地方志、《明實錄》為中心的古代官方文獻。而散佈中國鄉村陌巷不獲古代官方認可的祠廟甚多，因為只有得到朝廷賜額和加封的民間祠廟才為正祀，反之則是「天下神祠不應祀典者，即淫祠也，有司毋得致祭」〔註 39〕，所以它們一般不會被編入官方志書。偶而也有例外，也會被編入代表官方身份的地方志，如明朝北直隸清苑縣的嘉靖《清苑縣志》卷 3《祠祀》中將「竹澤龍祠、龍王廟、東嶽廟、北嶽廟、三義廟、神應王廟、真武廟、三官廟、義勇武安廟、二郎廟」都列為淫祠。〔註 40〕

　　更早的南宋淳熙《三山志》則把何種祠廟可以編進方志的取捨標準交代得甚為清楚，這也是官方的態度：「縣祠廟，率里社自建立，歲月深遠，一邑或至數百所，不可勝載也，姑取有事蹟姓氏封爵廟額者記之。」〔註 41〕正如斯波義信所指出的：在傳統中華帝國殘存下來有限的與城市有關的資料中，大多都帶有濃厚的「官尊民卑」的色彩。〔註 42〕所以本文得出的結論有可能接近於當時國家或士大夫胥吏安排下的、按照官方或正統禮制施行的城隍廟規制，未及民間祠廟。

　　在中國古代的日常社會中，普遍信仰多種神靈，各種神靈廟宇遍佈廣大的城鎮和鄉村，明代北直隸亦如此。直至清代，佛教、道教有所衰落，而其他多種信仰、崇拜與祭祀仍然興盛，到了民國初期才有衰落的跡象。〔註 43〕

〔註 39〕　清文淵閣《四庫全書》版，《明史》卷五十，第 21 頁。
〔註 40〕　嘉靖《清苑縣志》卷 3《祠祀》，第 46～49 頁。
〔註 41〕　淳熙《三山志》卷 9《公廨類三・諸縣祠廟》，《華東師範大學圖書館藏稀見地方志叢刊七》影印明崇禎 11 年刻本，北京：北京圖書館出版社，2005 年 10 月，第 166 頁。
〔註 42〕　斯波義信，宋都杭州的城市生態。歷史地理（第 6 輯），上海：上海人民出版社，1988。
〔註 43〕　民國《邠州新志稿》卷 18《祠廟》：「近今科學昌明，民智漸開，利用神權時代迷信之說已經漸漸失效，有心救世者，或以此改設學校，或以此辟為商場，事半功倍，亦未始非利用之一法也。至於淫詞左道惑人，法在必禁，又或無神社會，徒為方外斂錢之資，將來亦終歸淘汰。《傳》曰：國將興，聽於人，將忘，聽於神。有地方之責者，直知所取捨也。」民國《邠州新志稿》，1929

祠廟的功能，民國初期的方志編纂者曾經概括爲三個方面：「其一爲崇德報功，即禮所云有功德於民則祀之之義，如近今之忠義祠、英烈祠及鑄造銅像者是；其二爲籍資景仰之義，如以前之文廟、關岳祠是；其三爲利用神道設教，藉以維繫人心，使之有所畏而不敢爲惡，或有所希翼而勉於爲善，如以前之城隍廟、佛寺等是。下乎此者，不足取也。」〔註44〕這是站在政府一面的士大夫而出發的立場，在民眾信仰與崇拜的視角而言，所謂「下乎此者」的內容，則是民眾信仰與崇拜的重要組成部分。

6.5　小結

明洪武三年（1370）制定了具體的城隍廟建築之制──「高廣視官署廳堂」，就是其建築規制與所在城市的治所衙署建築的等級與規制一致，其等級大小至少有都城隍廟與州縣城隍廟之分。明代北直隸的城隍廟選址方位不一，平面格局基本相似，都是在中軸線上布置大門、儀門、正殿和寢殿，並在正殿之前東西兩側設置廊屋，形成三進院落，建築形制根據等級劃分，也許具體體現在面闊與進深的尺寸上，並且其建築組群的進深小於同等級的屬地治所衙署。

年鉛印，臺北：臺北成文出版社，1969：169～170。

〔註44〕民國《邠州新志稿》，1929 年鉛印，臺北：臺北成文出版社，1969：169。

第 7 章　明代北直隸府州縣城池與建築的經費來源

7.1　概述

明朝是在推翻蒙古族的統治之後建立的，克服元代「胡制」所造成的禮制混亂狀況顯得十分迫切。明太祖開基建國，強調「遵古先哲王之制」，「遠稽漢唐，略加損益，亦參以宋朝之典」(《太祖實錄》卷五一、一二九)，其在城市營建上，承襲「高築牆」〔註1〕政策尤為堅決，明代築城活動是明代制度重建下的一環，貫穿有明一代。那麼，是什麼原因使得明朝得以如此大規模、長期地築城，尤其是在府、州、縣地方一級的城市營建？

在中國明代地方制度的研究中，對於營建制度的研究是一個薄弱環節；單從政治制度的視角並不能完全解釋這個問題，其背後或許存在一個相關財政制度和司法制度的重新建立或安排。

按照《明律・工律》的《營造》與《河防》二卷的劃分，本文著重考察的對象是《營造》部分的經費，即工程營建、官局造作事項的經費，基本屬於非水利型工程；考察的時間範圍和地理範圍為明代北直隸的府州縣；為了論述比較的方便起見，偶而也會涉及其他地區如南直隸等或者其他朝代如清代的情形。需要說明的一點是，「經費」一詞在明代賦役制度中，特指北直隸地區的「里甲銀」〔註2〕，而本文僅指現代意義上的經營費用。

〔註1〕　〔清〕谷應泰，《明史紀事本末》卷二，平定東南：「甲子 (1324 年)，自率常遇春等兵十萬，往征之，由寧國道徽州，召儒士唐仲實姚璉等諮諮時務，訪治道，問民疾苦，聞前學士朱升名，召問之，對曰，高築牆、廣積糧、緩稱王。太祖悅，命參帷幄。」

〔註2〕　明代中葉，一些地方漸漸將由里甲和均徭出辦的各種經常性費用，折為銀兩徵收，即里甲銀和均徭銀。里甲銀在各地稱謂不一，但是性質大體一致。南

那麼，在一個明史專題研究的框架下，明朝如何解決築城的現實問題，譬如財政和勞力、材料和技術問題？都城和一般府、州、縣城在面臨相同問題時又會如何進行不同的選擇和安排？明代之城牆、壇廟、祠宇、公廨等公共營造工程（不涉及河防、漕運等水利工程）的地方經費來源，也許爲我們提供了一個十分有趣的研究個案。

7.2　財政預算

7.2.1　制度背景

在正常情況下，一個官方工程之所以稱爲公共工程，最起碼也要由國家或整個社會提供一部分的經費。無論是中央財政，還是地方財政，都分爲收入和支出兩個部分，公共工程佔用的是支出部分。地方性工程，則往往需要各級地方政府，從其可支配的款項中提供經費。那麼，明代府州縣政府的可支配款項有哪些？府、州、縣之間又有哪些區別？要回答上述問題，必須至少考察五個方面，即明代的行政區劃與架構、財政與稅收、行政司法審級管轄、職官俸祿制度，以及跟營造相關的法律等。

明代地方政府分爲三級或四級。四級政府依次爲省、府、州、縣。三級政府中的州直接隸屬於省，中間沒有府，如北直隸延慶州、保安州；或者縣直接隸屬於府，中間沒有州，如北直隸順天府大興縣、宛平縣與保定府清苑縣等。〔註3〕黃仁宇認爲，明代「財政管理的指導方針爲：縣是一個基本的稅糧徵收單位，府是一個基本會計單位，省是一個中轉運輸單位。……在中央集權控制之下的分散管理意味著在所有各級官員中，縣級官員的財政責任是最重的。」〔註4〕府處在中間位置，其財政職責主要是稽核各項事務。〔註5〕

明代沿用唐宋的兩稅法，一年分夏秋兩次徵收賦稅，其中農業稅是朝廷的主要財政收入，並通過起運和存留實現中央與地方的財政分配。在各地，

直隸稱里甲銀，福建稱作丁料和綱銀，浙江、廣東、湖南等地多稱作均平銀，北直隸稱經費。
〔註3〕《明史》卷七十五，志第五十一，職官四。
〔註4〕黃仁宇，十六世紀明代中國之財政與稅收〔M〕，阿風、許文繼等譯，北京：生活·讀書·新知三聯書店，2001：26～28。
〔註5〕《明史》卷七十五：「知府，掌一府之政……若籍帳、軍匠、驛遞、馬牧、盜賊、倉庫、河渠、溝防、道路之事，雖有專官，皆總領而稽核之。」

任何稅收都同時包含起運和存留兩個部分。起運主要用於宮廷開銷、京官俸祿、邊地糧餉、政府機構運轉費用等，存留主要用於地方官員的俸給、生員廩糧、宗藩祿廩、駐地軍餉、地方賑災與教化等正項經費。〔註6〕有時候中央政府直接要求地方政府或做辦（上供物料），或為藩王營造府邸，或提供社會賑恤開支，或不時地輸納，所有這些費用也都是從存留中支取。換句話說，明代的府州縣級財政收支中，沒有投向公共工程的固定預算。

7.2.2　中央與皇家工程

洪武朝，是明代包括財政制度和營建制度在內的各項制度的創建時期。明初的建設集中在皇帝所居的都城如鳳陽、南京、北京，以及藩王的王府如太原晉王府、開封周王府、成都蜀王府等〔註7〕，營建費用和物料是由中央支出的，勞力是軍民夫匠等。這種情形，在官方文獻中俯拾皆是。例如《明會典》卷一百五十四，對於修繕城垣做如下規定，「凡皇城京城牆垣遇有損壞，即便丈量明白，見數計料，所用磚灰行下聚寶山黑窯等處關支，其合用人工，諮呈都府行移留守五衛，差撥軍士修理。若在外藩鎮府州城隍，但有損壞係干緊要去處者，隨即度量彼處，軍民工料多少入奏，修理如係腹裏去處，於農隙之時興工」〔註8〕，對於公廨做如下規定，「凡在京文武衙門公廨，如遇起蓋及修理者，所用竹木、磚瓦、灰石、人匠等項，或官為出辦，或移諮刑部、都察院差撥囚徒，著令自辦物料、人工修造，果有係干動眾奏聞施行。」〔註9〕

明代政府規定，朝廷為藩王建造宅第籌措經費，房屋造價依等級而定，從一千兩至五百兩不等，期間的具體建造事宜有所變化：天順朝之前由政府負責營造，成化朝中葉開始由王府自行營造，弘治十四年（1501）進一步明確了造價，工役則由地方政府徵調。〔註10〕例如，嘉靖三十三年（1554）湖

〔註6〕　《明史》卷七十八，志第五十四，食貨二，賦役。

〔註7〕　明代王府絕非一個簡單的居住建築群，而是一座規模不小的城池。關於這方面的一個詳細研究，可以參見，白穎，明代王府建築制度研究〔D〕，清華大學建築學院博士學位論文，2007，指導老師王貴祥。

〔註8〕　《四庫全書》，史部，政書類，通制之屬，《明會典》卷一百五十四，工部八，城垣，1頁。

〔註9〕　《四庫全書》，史部，政書類，通制之屬，《明會典》卷一百五十四，工部八，公廨，4頁。

〔註10〕　四庫全書存目叢書編纂委員會編，《四庫全書存目叢書》（史264），〔明〕徐學

廣德安府修造景王府，工部派遣司官一員，會同湖廣撫按，督同三司府衛官相度起蓋，所用的物料銀兩，「先派浙江、江西、廣東、福建、四川、南直隸江南府分共十萬兩，於撫按司府等衙門贓罰及無礙官銀內動支，如有不足，量於湖廣地方均派。工匠人力於本府州縣坐派，不敷之數量於附近府縣起取協濟。」〔註11〕藩王府邸是私宅，並不屬於公共工程，但其分封所在之城市的公共工程如城池等，因其駐紮而展拓或者興建。〔註12〕

上述文獻中，還透露出明代公共工程的財政制度思想，也就是中國傳統的為強化皇權和以中央集權為先，以中央皇城京城為先，皇家藩王所在的省城、府城（藩鎮）居次，地方府州縣次之的政策。自宋以降，地方基本無財政可供支配，而財政權力過於集權中央所帶來的弊端，尤其是對地方建設和福利的不良作用，自宋代以降始終受到學者的詬病與批評。顧炎武的觀察尤其中肯得當：

> 予見天下州之為唐舊治者，其城郭必皆寬廣，街道必皆正直；
> 廨舍之為唐舊創者，其基址必皆宏敞。宋以下所置，時彌近者，制
> 彌陋。……今日所以百事皆廢者，正緣國家取州縣之財，纖毫盡歸
> 之於上，而吏與民交困，遂無以為修舉之資。〔註13〕

中央財政分為國庫和內庫兩條線，與國防或河防有關的公共工程經費和勞力，由國庫來支付或籌措，不過皇帝也可以從內庫提供緊急援助。例如《明太宗實錄》卷二六二，記北直隸保定等衛城的修築〔註14〕：

> 永樂二十一年八月辛亥，大寧都司啟，保定左等衛所，近雨坍
> 塌城垣五百二十餘丈、敵臺六座，請集軍士修理。皇太子從之。

上引《明會典》中，可以看到在責成相關機構興修城池或建築這一點上，

聚，《國朝典匯》卷十三，宗藩上，濟南：齊魯書社，1996：469頁：「弘治十四年七月，工部尚書曾鑒定遞減王府房價及開壙造墳價銀有差，詔徒之。天順前各王府將軍而下宮室墳塋皆官為營造，成化中始定為則給價自行營造。湖廣楚遼岷荊吉襄等府房價，郡王一千兩，鎮國將軍下至中尉遞減至五百兩。各省王府房顧同其造墳夫價物料，郡王三百五十兩，鎮國將軍下至中尉遞減至百二十餘兩，又有開壙明器銀及齋糧麻布具各有差，因各處災荒故奏遞減。」
〔註11〕申時行等，明會典，卷一百八十一，北京：中華書局，1989：919頁。
〔註12〕侯大節，萬曆衛輝府志，稀見中國地方志彙刊（34）：「萬曆十三年，建潞王府第，拓城前三面，增七百三十二丈，共八里七十步。」
〔註13〕顧炎武，《日知錄集釋》卷12，上海：上海古籍出版社，2007：27頁下。
〔註14〕《明太宗實錄》卷二六二，臺北：中央研究員歷史語言研究所，1962：2393。

譬如「天順六年，令後軍都督府並守門官軍巡視京城九門城垣，如有損壞低窪，該門官軍隨即填補修理」〔註15〕，中央和地方是一致的。

7.2.3　地方公共工程

明代地方正項留存經費中，基本上沒有用於修築城池、開掘壕塹、起蓋公宇等造作工程的列支，也就是說，明代地方公共工程基本沒有列入政府財政預算。而且直隸府州一級的政府每年若有餘錢，也要悉數上交中央財政，倘若遇到修繕的事項，也不能動用正項經費。《明會典》對此有明確規定：「正統四年（1439），令各布政司並直隸府州，會計每歲該用鈔數，年終具報本部存留支用，餘鈔解京。景泰二年（1451），令在外諸司倉庫錢糧，非奉本部明文不許擅支。成化十七年（1481），令各處司府衛所大小衙門，如遇修理等項，止許設法措置；其在官錢糧，必須軍機重務、賑濟饑民及奉勘合應該支給者方許，會官照卷挨次支給，年終查弄明白造冊繳部，若不應支給並那移出納者，經該官員降黜邊遠敘用，侵欺者從重歸結。」〔註16〕

地方工程如果比較浩大，所費不薄，或要動支官庫銀兩，或要起徵民夫，必須申報上級並先畫圖，經批准後方可動工，否則就可能被視作擅自挪用官銀或者擅徵民力而受到追究。《大明律》對此有明文規定：「凡軍民官司有所營造，應申上而不申上，應待報而不待報，而擅起差人工者，各計所役人雇工錢坐贓論。若非法營造及非時起差人工營造者，罪亦如之。其城垣坍倒、倉庫公廨損壞，一時起差丁夫軍人修理者，不在此限。」〔註17〕例如北直隸真定府萬曆《真定縣志》〔註18〕所記真定府的城池修築：

> 城池。城周圍二十四里，高三丈二尺，門四，各附月城，又各建樓。東曰迎旭，南曰長樂，西曰鎮遠，北曰永安。四隅各有角樓，舊土築，今易以磚。隆慶五年（1571），知縣顧綬奉兩院司府明文經始，至知縣周應中申動府銀六萬餘，於萬曆四年（1576）落成。池闊十餘丈，深丈餘，城外河水抱流。

〔註15〕《四庫全書》，史部，政書類，通制之屬，《明會典》卷一百五十四，工部八，城垣，1頁。

〔註16〕《四庫全書》史部，政書類，通制之屬，《明會典》卷三十三，戶部十八，庫藏二，贓罰，諸司職掌，11頁。

〔註17〕《四庫全書》，史部，政書類，通制之屬，《明會典》卷一百三十九，明律，工律，營造，擅造作，15頁。

〔註18〕萬曆《真定縣志》卷一，輿地，城池，1頁。

　　據上述記載，可知眞定縣（今河北省正定縣）的城池修築獲得兩院司府——巡按察院、巡撫察院和眞定府的明文批准，歷時五年左右，經費來自眞定府的官銀。〔註19〕這個程序也符合《明會典》中「用工多者，布按二司同該府官，斟酌民力，量宜起蓋，仍先畫圖，奏來定奪」〔註20〕的規定。

　　既然地方公共工程的經費沒有著落，需要政府因地制宜地加以應對，那麼，通過申報上級而使之師出有名，也是地方官員的需要，所以文獻中這種情形幾乎貫穿有明一代的各個地方。如海瑞在浙江淳安縣築城，須先向道、司、巡按、總督逐級申報，其《築城申文》鉅細靡遺，有助於檢視明代築城這一問題：

　　　　淳安縣爲查理築城禦患事，安奉府貼，蒙分守道右參政翁安驗，奉巡按御史王批呈，仰縣應築牆垣將分定里遞土築等因，及蒙欽差總督軍門胡批申前事，奉此，今該本縣知縣海屢次拘集裏遞人等，欲興工築。各稱與其爲牆垣，不若爲城池，一勞永逸。……具由申詳本府。〔註21〕

　　申文上達之後，上司批覆：「該縣先議築土牆，行催一年之上未見完報，今始改議築城何也？且築城大事，爲知民情財力若何，仰縣再審通縣糧裏果願築城，還須區劃周當，通詳上司具批詞由繳。」〔註22〕海瑞又議「鄙意欲八十里中，好甲分計費出銀五兩，醜甲分計費出銀三兩二兩。淳民喜訟，本縣於詞訟中酌處幫助，通以二年中爲之，似或可以使民不覺勞費。而今已矣，後之當世者非城別有區處，算計優裕，不可輕舉輕議也」〔註23〕，這意味著海瑞對於築城的經費來源亦有計劃，分罰贖和攤派兩部分，但後來並沒有實現。

〔註19〕　萬曆《眞定縣志》卷五《官秩・國朝・縣令》記載隆慶五年知縣乃郝維喬，與此處引文中所提的顧綬有出入。原文云：顧綬，臨清人，進士，隆慶元年見任，先是上刑苛刻，吏役多逃匿，公從容布置，以次漸興，諸事並舉。郝維喬，扶溝人，進士，隆慶四年見任，公器度溫雅，不辭勞瘁。周應中，會稽人，進士，先任元氏，聞調，元民詣闕惜留，隨奉明旨，既動本官難以復留，時於萬曆元年見任，有《告民書》。

〔註20〕　《四庫全書》，史部，政書類，通制之屬，《明會典》卷一百五十四，工部八，廟宇，3頁。

〔註21〕　〔明〕海瑞，海瑞集，北京：中華書局，1962：157～158。

〔註22〕　〔明〕海瑞，海瑞集，北京：中華書局，1962：158。

〔註23〕　〔明〕海瑞，海瑞集，北京：中華書局，1962：159。

清代也有類似的規定，任何大規模的修繕工程，必須先徵得上級主管部門的同意。〔註24〕但與明代不同的是，清代規定在工程費用低於 1000 兩銀子時，州縣官可以直接招募本地居民修繕城牆。〔註25〕

此外，從《大明律》條文也可以看出，一般各處公廨等官府房舍的日常維修，是由相關衙門負責的，那麼，自然也是由這些衙門的吏役來解決修繕費用的，從中央到地方莫不如此。例如守城官軍修理城垣，隸兵負責衙門的修繕，看守門子負責修補門窗等。弘治六年（1493）奏准，「皇城各門紅鋪著令巡視城垣委官，時常點視比較，應修理者隨即具呈修理，其直宿官軍不行用心看守致有損失，應眾究者逕自眾究。」〔註26〕永樂二年（1404）奏准，「今後大小衙門，小有損壞，許令隸兵人等隨即修葺。果房屋倒塌用工浩大，務要委官相料，計用夫工物料，數目官吏人等，保勘申部定奪修理。」〔註27〕弘治元年（1488）奏准，「今後各衙門但有門窗等項損壞，原物見在者，官為出料修理。原物不在者，就令經該官吏，及看守之人，出料自陪修理。」〔註28〕因此，我們便容易理解《官箴集要》所云，「凡公廨郵驛等處，常加灑掃潔淨，遇有損壞隨即修葺，免致崩損而多費民力，若文廟、祭壇、先賢祠宇之類尤宜用心」〔註29〕，但以現在的眼光來看，由看守門子負責修補門窗等幾乎是不可思議的，即便有《大明律》條文規定一般公廨等官府房舍的日常維修由相關衙門負責，等等。那麼，「止許設法措置」究竟是如何進行的？

7.3　經費來源

實際上，地方的開支主要仰賴於其他各種附加稅以及各種為數不多的地方收入，如贓罰銀和充公的財產等等。概括地說，無論公共工程的規模大小，

〔註24〕《四庫全書》史部，政書類，通制之屬，《欽定大清會典則例》卷一百二十七，工部營繕清吏司，城垣 9～10 頁。

〔註25〕《四庫全書》史部，政書類，通制之屬，《皇朝文獻通考》卷二十四，職役考四，12 頁：「〔乾隆〕十年定，各省城垣工程一千兩以下者，酌用民力修築。」

〔註26〕《四庫全書》，史部，政書類，通制之屬，《明會典》卷一百五十四，工部八，城垣，2 頁。

〔註27〕《四庫全書》，史部，政書類，通制之屬，《明會典》卷一百五十四，工部八，公廨，4 頁。

〔註28〕《四庫全書》，史部，政書類，通制之屬，《明會典》卷一百五十四，工部八，公廨，4 頁。

〔註29〕〔嘉靖〕汪天錫輯，《官箴集要》卷下，造作篇，公廨。

其新建、修繕、勞力、物料等由地方政府自行籌措，大體上可分為派撥、罰贖、勸募、攤派、權宜等途徑，有「或剖詞訟而罰贖，或權事宜而裁取，或刪收糧之積餘，或勸尚義之資助」〔註30〕等形式；至於其流弊甚多，如弘治《易州志》所言「弊莫甚於吏之奸欺黷貨」〔註31〕，則是制度實施的走樣，那是另外一個層面的問題。

7.3.1　派撥

派撥是動用官府的公帑銀兩，一般用於重要的城池、津渡、運河等城防和水利工程。嘉靖《獲鹿縣志》卷九，「事紀第九」記載了從中央財政直接折價撥付地方府州縣的情形〔註32〕：

> （嘉靖）十八年（1539）冬十一月，修沙河城，工部增派眞定府州縣磚料銀六十餘萬兩。

附郭之縣，也就是縣城和府城或省城同在一處的縣，在地方志中很少見到這些縣的知縣興修城池的記載，原因在於由知府或巡按所操辦，所以經費或可以由府級政府籌措，勞力夫役則出自附郭之縣。例如明代北直隸元城縣附郭大名府，清乾隆《大名縣志》卷三「城郭」，描述了明嘉靖四十四年（1565）大名府用公帑甃砌城牆〔註33〕：

> （嘉靖）四十四年（1565），知府姚汝循申動府帑以磚石，同知劉贊董其事，城始完固。

正德《大名府志》卷五，知縣劉臺記浚縣「重建察院記」〔註34〕：

> （浚縣）察院舊在縣治東不百步許，地制湫隘，階序逸圮，巡撫者至中令纚獄恒涉浹旬而於此豈徒不適關居，凡吏民亦無所聳屬矣，臺來視事詣焉。兢惕者再爰謀諸二二僚採狀，請於今欽差巡撫都御史高公、郡邑守韓公，欲假公帑楮幣謀改作之，僉下令曰可，第毋奪民時毋傷民力，其酌處惟慎。遂卜官地之隙巽隅，市木伐石簡群工禪從事而董役者隨之。……始於弘治戊午（1498）春至己未夏而後落成，不欲速以病民也。木以株計四千五百有奇，石以塊計三萬二千有奇，

〔註30〕嘉靖《夏津縣志》卷五，黃秩，重修儒學廟記。
〔註31〕弘治《易州志》卷十六，文章，創建，20頁。
〔註32〕嘉靖《獲鹿縣志》卷九，「事紀第九」，5頁。
〔註33〕乾隆《大名縣志》卷三，城郭，1頁。
〔註34〕正德《大名府志》卷五，公宇志，署舍，34頁。

　　磚以個計一十六萬有奇，瓦以片計四倍木之數，釘以板計殺石數之
半，灰以斤計計得磚二分之一而益其半，食米以斛計五百七十有九。
木之值取諸公帑，石之輦取諸山麓，而諸費則贖小民之輕，緊未嘗一
勞乎民以違諸公體。國恤民之意，其市木者義官邢端、鄒越，督工者
則胥吏胡璉、龔杲，司出納者則老人左亮、趙辰，貿磚瓦者則義官董
春、市民魏鎮，蓋亦咸能稱使而不敢植私於其間。

　　這一例中，是動用公帑買木材，在山中伐石，「而諸費則贖小民之輕」，
贖即罰贖。

7.3.2　罰贖

　　罰贖顯然是政府司法權力的運用體現，自古有之。譬如南宋《梁溪集》
記：「又嘗以花石故郡俾造舟，（張端禮）君不獲已，令取吏民有罪而情輕者，
募出贖金，以給其費。」〔註 35〕由罰贖而來的罰金即贓罰銀，是明代公共工
程款項的一個重要來源。如嘉靖《隆慶志》卷十，蘇乾「永寧縣（隸北直隸
延慶州）重修廟學記」〔註 36〕：

　　　　嘉靖戊子（1528）……是年夏四月，巡撫大中丞東平劉公按部
　　到廟謁之餘，佇立環視，愀然不寧，謂學舍之壞何以棲士，廟庭之
　　壞何以妥神，邑小民貧，修復之任當在我。於是發贓罰銀若干鎰，
　　米若干石，委萬全右衛知事杜銳、永寧衛指揮康琥、永寧縣知縣種
　　雲龍行修復之事，三人者承命惟謹。乃市材鳩工，卑者廣之，缺者
　　補之，污者革之。中為大成殿，之前為戟門，又其前為靈星門。……

　　贓罰銀有時也用來修築軍事設施，《苑洛集》卷十三，韓邦奇於嘉靖十三
年（1534）十月十七日撰「安設兵馬防禦敵騎以明烽堠以固地方事」〔註 37〕：

　　　　（懷安城西北李信屯）都司將修築土堡，設蓋倉場、公廨等項，
　　通共享銀一千三十七兩一錢七分一釐，於官庫見收節年農民銀內動

〔註 35〕《四庫全書》，集部，別集類，〔南宋〕李綱，《梁溪集》，卷一百六十九，墓誌，
　　　　宋故朝請郎主管南京鴻慶宮張公墓誌，第 4 頁。

〔註 36〕嘉靖《隆慶志》卷十，藝文，蘇乾「永寧縣重修廟學記」，8 頁。另見，《四庫
　　　　全書》，集部，別集類，〔明〕林俊，《見素集》續集卷九，第 13 頁，「東昌郡
　　　　城重修記」；〔嘉靖〕林文俊，《方齋存稿》卷七，第 20～21 頁，太平府儒學
　　　　重建記。

〔註 37〕《四庫全書》集部，別集類，明洪武至崇禎，《苑洛集》卷十三，安設兵馬防
　　　　禦敵騎以明烽堠以固地方事，30～31 頁。

支一千兩，贓罰銀內支領三十七兩一錢七分一釐，選委的當官員買辦木鐵等料，如法造作。匠役於預備倉，每名驗日支給口糧一升五合，起撥無馬軍士，借倩屯田空閒舍餘輪班修築，其築堡佔用屯田地畝有糧地土於別項無礙地內，照畝易換撥給該用。

以上例子中提到的贖金與贓罰銀，包括了贓、罰、贖三項，它們在嚴格意義上是有分別的，而文獻中常混稱。贓是對犯人所侵犯公款公物加以沒收，罰是令犯過者出錢穀以示懲戒，贖是罪人以經濟形式對所判刑罰進行抵償。明代贖刑盛行，除真犯死罪外，皆可以贖代刑。明初只有律贖，贖金相對較少，按規定上交中央。《明會典》明文：「凡各布政司並直隸府州，應有追到贓物，彼處官司用印鈐封批，差長解人管解到部」〔註38〕，「天下起解稅課及贓罰等項，悉貯內庫，以資國用……凡十二布政司並直隸府州，遇有起解稅糧折收金銀錢鈔，並贓罰對象，應進內府收納者，其行移次第皆仿此。」〔註39〕贓、贖皆須登記上報。罰則不入冊籍，上級無法稽考，不必上交，盡用於地方，因而對於罪輕者，地方官往往以罰代刑，春夏罰銀秋冬罰穀。《明史‧刑法志》：「明律頗嚴，凡朝廷有所矜恤、限於律而不得伸者，一寓之於贖例，所以濟法之太重也。又國家得時藉其入，以佐緩急。而實邊、足儲、振荒、宮府頒給諸大費，往往取給於贓贖二者。故贖法比歷代特詳。凡贖法有二，有律得收贖者，有例得納贖者。律贖無敢損益，而納贖之例則因時權宜，先後互異，其端實開於太祖云。」〔註40〕這段話說明了贓贖的初衷，並引發了濫觴。

此後隨著例贖的逐漸採用，贖刑範圍的漸漸擴大，以及罰役改折工價銀鈔，至明中葉地方贖金數額已經相當可觀，漸漸引起了中央的注意和垂涎，屢派御史等官到地方搜刮。〔註41〕嘉靖至萬曆年間官至南京刑部尚書的王世貞言：「郡縣存積贓罰已自單薄，若搜括一空，緩急何恃。」〔註42〕嘉靖至萬曆年間官至內閣首輔的王錫爵言：「先時各布政司府州縣，各有贓罰等項積

〔註38〕《四庫全書》史部，政書類，通制之屬，《明會典》卷一百三十六，刑部十一，類進贓罰，1頁。

〔註39〕《四庫全書》史部，政書類，通制之屬，《明會典》卷三十二，戶部十七，金科，庫藏一，1～2頁。

〔註40〕《明史》卷九三，志第六十九，刑法一。

〔註41〕《四庫全書》史部，政書類，通制之屬，《明會典》卷三十三，戶部十八，庫藏二，贓罰，諸司職掌，1～12頁。

〔註42〕《四庫全書》集部，別集類，明洪武至崇禎，王世貞，《弇州四部稿》，續稿卷一百七十六，12頁。

餘，今取解一空，有急盡靠內庫。」〔註43〕此後，贓贖在中央與地方的分割上，大體上形成一個「八分入官二分公用」的比例，即百分之八十上繳中央，百分之二十留存地方。例如嘉靖時御史方日乾巡按南直隸，「臣奉命以來，問過贓罰、紙米、贖罪等項價銀紙價，以十分爲率，除八分解南京都察院作正支銷，二分本衙門公用外，查得贓罰銀尚有一千七百餘兩，贖罪稻穀三千二百餘石，見貯各府州縣倉庫。」〔註44〕中央有時也應地方之請將原應上繳的贓贖留於地方急用，如萬曆年間南直隸崇明縣建新城，「以請於備兵使者蹇公，蹇公上於臺中丞王公、侍御宋公，具疏下尚書，戶部許留臺贖鍰萬金，其餘值七千六百三十餘金，以屬李侯使自爲策。李侯乃議，以民故應償灶產、軍需及歲捕黃魚之賦以足之，而緩諸月城之。……以萬曆之十四年八月築土城，至十二月而畢，再以萬曆之十五年七月甓土城之表。」〔註45〕該文中的「臺贖鍰萬金」即指撫按本應繳納至戶部的贓贖。

　　贓贖在各級地方政府之間也有一定分割，這也就揭示了府一級政府的公共工程經費的來源之一。明代地方審級管轄體系是地方司法機關分爲省、府、縣三級；省設提刑按察司，「掌一省刑名」，有權判處徒刑及以下案件，徒刑以上案件須報送中央刑部批准執行；府、縣兩級實行行政司法合一體制。由於明代的省、府、州、縣之間劃有審級，笞罪縣可以自決，罰贖自理；杖以上須報州、府、省級衙門裁決，則罰贖亦應歸屬該管理衙門；所以分割出省府州縣各自的贓罰銀，於是各方的利害關係更加盤根錯節。在正史中對這種情形的記載很少，而從明清小說中我們或許可以窺見一些端倪。時人陸人龍的小說《型世言》第二十一回裏面寫道，「多問幾個罪，奉承上司，原是下司法兒」〔註46〕，原因正在於此；至於《型世言》第三十回裏面的「一個官一張呈狀也不知罰得幾石穀，幾個罪。若撞著上司的，只做得白弄」〔註47〕之句，則反映的是各級政府之間的審級界線。由於案件多在州縣審理，屬於上級分內的罰贖平時就貯於各府州縣倉庫，再歸總上交，前述嘉靖南直隸巡按

〔註43〕　《明經世文編》卷三九五，王錫爵，勸請賑濟疏。
〔註44〕　《四庫全書》史部，詔令奏議類，奏議之屬，名臣經濟錄，卷二十一，方日乾，奏興利補弊以卯屯政事，36 頁。
〔註45〕　《四庫全書》集部，別集類，明洪武至崇禎，王世貞，《弇州四部稿》，續稿卷六十三，14 頁。
〔註46〕　〔明〕陸人龍，《型世言》第二十一回，「匿頭計占紅顏卯發棺立蘇呆婿」。
〔註47〕　〔明〕陸人龍，《型世言》第三十回，「張繼良巧竊篆卯曾司訓計完璧」。

御史方日乾分內之贓贖就是貯於各府州縣倉庫。縣衙內「上司贖銀，須各置上司贖匣；自理贖銀，須置自理贖匣。」〔註48〕當撫按需將分內贓贖上交中央時，則令州縣遞解。

地方文獻中多見撫按等派發贓罰銀資助地方工程的記載，前述永寧縣重修廟學、崇明縣修新城就是撫按兩院發贓贖萬金的例子，朝廷對繳納贖金較多的罪輕者，甚至給予表彰，旌為「義民」，如「正統四年大學士楊士奇上言……官有備荒之積，民無旱澇之虞，仁政所施無切於此。詔戶部急行之，乃制，侵盜之罰納穀一千五百石者，敕獎為義民，免其徭役。」〔註49〕又如明萬曆十四年深州霸州等處河道的疏濬〔註50〕：

> 明神宗萬曆十四年（1586）正月己酉，工部覆直隸巡按蘇酇題少卿徐貞明奉命，經略水患，窮源遡委，遍歷周諮，惜處財用一一列款，於畿甸水患大有裨益。一疏濬深州霸州等處河道，共該夫役銀一萬九千三百一十三兩一錢，除霸州道屬現有堪動官銀三千七百八十餘兩，於真定府存留贓罰銀內動支二千兩，保定府五千兩，河間府八千五百三十三兩一錢，湊足前數，委官及時興舉，務要挑濬如法河流通利。一疏濬安州、雄縣、保定等處河身及挑築束鹿、深州河堤，所用人夫隨便役民，其工食之費要於各府州縣積穀內，酌量動支，仍勸諭富民有能慕義，偶眾捐貲助役者，酌量旌異以示勸。

贓罰銀在地方的用途，明初並無明確規定，後來規定主要用於預備倉儲建設，補貼行政辦公經費和公共工程的開支，歷朝對此屢有訓令。如正統七年（1442），「令各府州縣，一應贓罰入官之物，俱於年終變賣在官，俟秋成糴糧，預備賑濟。」〔註51〕弘治十年奏准，「凡三年一次查盤預備倉糧，除義民情願納粟，囚犯贖罪納米外，但有空閒官地，佃收租米及贓罰紙價引錢，不係起解，支剩無礙官錢，盡數糴米。三年之內不足原數，別無設法者俱免住俸參究。」〔註52〕實際上贓贖在明代地方財政中的作用是多方面的，罰役

〔註48〕余自強《治譜》卷五，庫中置各匣。

〔註49〕《四庫全書》史部，政書類，通制之屬，欽定續通典，卷十六，19～20頁。

〔註50〕《四庫全書》史部，地理類，河渠之屬，行水金鑒，卷一百二十四，10頁。

〔註51〕《四庫全書》史部，政書類，通制之屬，《欽定續文獻通考》卷三十二，99～100頁。

〔註52〕《四庫全書》史部，政書類，通制之屬，《明會典》卷四十，戶部二十五，預備倉，48頁。

彌補了勞役的短缺，囚犯在公共工程中承擔了運灰、運磚等力役。〔註53〕嚴格意義上，訴訟中的罰金應該被稱為「贖鍰」，包含在一般意義上的「贓罰」之中。贓罰銀甚至在明末崇禎年間充當軍餉，如《明史》本紀第二十四「命有司以贖鍰充餉」〔註54〕，又《明史》余應桂傳〔註55〕：

> 余應桂，字二磯，都昌人。萬曆四十七年進士。……（崇禎）七年還朝，出按湖廣，居守承天。捐贖鍰十餘萬募壯士，繕城治器，賊不敢逼獻陵。帝聞而嘉之。期滿，命再巡一年。貽贖鍰萬五千助盧象昇軍需，而奏報屬城失事，具以實聞。帝以是知巡撫王夢尹詐，而益信應桂。期滿，命再巡一年。十年，即擢應桂右僉都御史，代夢尹。

罰贖這種情形幾乎歷朝均有，清代雍正朝的一則詔令奏議，可視作解釋：「直省城垣、學校、倉廠之類，皆有司所，必當修理者。倘一一取之庫銀而正項虧矣，不若以本地之贖鍰，存為地方之公用，惟奏銷時題明罰過動用數目，免其解部充餉。一則可以杜絕侵蝕；二則可以整理地方；三則可以免那正項，於國課民生甚有裨益。」〔註56〕

雖然有訓令和規定，但地方是否如實報告與上交，中央很難查實。由於贓贖本身的複雜性與難以監管，贓贖管理的混亂和侵吞情形，在各地十分普遍。「一應大小詞訟，多有不行依律問擬，照例發落。或指修理衙門，或稱措指公用，不分所犯輕重，動輒罰其銀物，多者二三百兩，少者不下五七十兩。使心腹之人收掌在官，聽其支用。」〔註57〕地方亦有故意濫罰牟利者，「獄有定議，自宜查照發落，間有以為情重律輕，罪外加譴，或指修理，或指備荒，或指作興，或指軍餉，巧立名色，重為厚利，遂使賣男鬻女散之四方，破產

〔註53〕《四庫全書》史部，政書類，通制之屬，《明會典》卷一百三十三，刑部八，10頁：「弘治十三年奏准，凡軍民諸色人役及舍餘審有力者，與文武官吏、監生、生員、冠帶官、知印、承差、陰陽生、醫生、老人、舍人，不分笞、杖、徒、流、雜犯死罪，俱令運炭、運灰、運磚、納科、納米等項贖罪。」

〔註54〕《明史》卷二十四，本紀第二十四，莊烈帝二：（崇禎）十六年冬十月丙寅，「命有司以贖鍰充餉」。

〔註55〕《明史》卷二百六十，列傳第一百四十八，余應桂傳。

〔註56〕《四庫全書》史部，詔令奏議類，詔令之屬，《世宗憲皇帝朱批諭旨》卷七十八，10頁。

〔註57〕《皇明成化條例》，臺灣中研院歷史語言研究所圖書館藏手抄本，轉引自楊雪峰《明代的審判制度》，臺北：黎明文化公司，1981：378頁。

蕩家委之溝壑者往往而是，是曰濫罰。」〔註58〕如此上級根本無法稽查。「官員自理詞訟所罰銀穀，多有私罰肥己，不行報明歸公者」〔註59〕雖是清代人之語，其實也適用於明代。

7.3.3　勸募、攤捐

　　勸募是籌集經費的一個重要途徑。勸募者一般是知府知州知縣，以身作則「捐己俸爲倡」，號召士紳踴躍捐資和出力，猶多見於水利、河防、廟學、書院等事例，主要用於荒年賑濟和公共工程，因爲這種情況下籌款是名正言順的，不致引起非議。成化《順德府志》卷八，「重修文廟記」〔註60〕：

　　　　唐山縣爲順德府屬邑，舊有廟學，在縣治西數十步許，元至正三
　　　　年（1343）所建，累閱兵燹，無復存者。國朝洪武初，知縣劉安禮建
　　　　學於故基，尋壞。正統間，典史潘譽募諸富室捐金帛修之，復壞。成
　　　　化壬寅（1482），夏雨連日傾剝殆盡。山陰祁俠司員以進士來知縣事，
　　　　曰茲學敝且陋，不足爲教育地，盍更圖之。乃請於巡按御史閻公仲宇、
　　　　知府范公英，皆報許。而兵部郎中楊公繹奉命賑災，亦以官貲助之。
　　　　而平定守禦千兵呂公俊輩，及邑中義士、耆老諸人何原等咸樂相助金
　　　　帛。俠乃屬其丞開公宣簿李公麟，及典史姜公瑄，分領出納，暨教諭
　　　　王公錦、訓導胡公拱辰、鄭公晁輩，相關事而躬督治焉。凡木斯人時
　　　　□□難正當經給，嗟彼守令知府循大縱溪壑莫不艱辛。

乾隆《畿輔通志》卷二十五，城池，「蠡縣城」〔註61〕：

　　　　蠡縣城，舊土城。……崇禎十二年（1639）兵備副使錢天錫、
　　　　知府王師夔、知縣連元，捐俸倡助，甃以磚石，高三丈五尺，濠廣
　　　　三丈，又築護城堤二道。

乾隆《畿輔通志》卷二十七，公署，「大名府」〔註62〕：

　　　　按府舊志，本府廳署先是有五，其一在儀門西，爲捕廳今仍之：
　　　　其四在儀門東，一爲刑廳，今晚香堂；一爲軍廳，今仍之；一爲糧

〔註58〕《四庫全書》集部，總集類，文章辨體匯選，卷一百十四，毛愷，「禁刑獄之
　　　　濫疏」，24頁。
〔註59〕《四庫全書》史部，詔令奏議類，詔令之屬，世宗憲皇帝朱批諭旨，卷七十八，
　　　　9頁。
〔註60〕〔成化〕《順德府志》卷八，侍講學士李東陽撰，「重修文廟記」。
〔註61〕《四庫全書》，〔乾隆〕《畿輔通志》卷二十五，城池，蠡縣城，19頁。
〔註62〕《四庫全書》，〔乾隆〕《畿輔通志》卷二十五，城池，蠡縣城，19頁。

廳，今刑廳也，刑廳歲久漸圮，且前廳湫隘，萬曆二十年（1592）
秋水潰垣，推官方大鎮，捐俸新之；一為馬廳，即今糧廳蓋兼隸也；
萬曆十一年（1583 年）通判閻立構鎮宅樓有記勒石。

乾隆《畿輔通志》卷九十八，趙南星「趙州重修尊經閣記」〔註 63〕：
　　閣之前有敬一亭亦頹壞，公捐俸僦夫匠修之。

這裡隱含著一個問題，以明代地方官員的俸祿捐得起公共工程等的費用
嗎？所以，有必要檢視一下明代地方職官的俸祿制度。明朝實行的是薄俸制，
後人修《明史》，竟有「自古官俸之薄，未有若此者」之語〔註 64〕，私人文獻
如《海瑞集》的記述也證明這一事實。根據《大明會典》，明代官吏的俸祿是
以穀子計算的，但是實際給付的時候，卻只有一部分是穀子，另一部分則折
合紙幣、銅錢或實物給付；依官品高低而作區別，而且隨時有變動，其法規
相當複雜。〔註 65〕實際上，明代地方官吏在俸祿之外，還有一些福利，如福
利之一是朝廷會在他們任職的衙門裏面，配給地方官吏和屬吏的公房。因為
《大明律・工律・營造・有司官吏不住公廨》規定，有司官吏「嚴出入之防」，
必須居於官府公廨，不許雜處民間：「凡有司官吏，不住公廨內官房，而住街
市民房者，杖八十。」〔註 66〕明初盧熊撰洪武《蘇州府志》載：「洪武二年
（1369），奉省部符文，降式各府州縣，改造公廨，遂闊廣其地，撤而新之，
府官居地及各吏舍皆置其中。」〔註 67〕以及柴薪銀、常例等大量的額外收入，
數額往往遠朝正俸。如果沒有額外收入，明代地方官員是不可能有多餘的錢
財捐出的。楊聯陞認為，地方官在地方建設和地方福利中的捐款實際上來自
據為己有的「贓罰銀」。〔註 68〕清朝雍正五年的一份詔書則傳達出一種微妙的

〔註 63〕《四庫全書》，〔乾隆〕《畿輔通志》卷九十八，趙南星「趙州重修尊經閣記」，
　　　　43 頁。另見同書第 48 頁，趙南星「饒陽縣重修近聖書院記」。
〔註 64〕《明史》卷八十二《食貨六》俸餉。
〔註 65〕參見〔萬曆〕《大明會典》卷三九《廩祿二俸給》。但明俸從絕對數字上的反
　　　　映若不結合當時的物價水平，仍不能得出一個定論，因此可用米價作為明代
　　　　物價的考察基點。黃冕堂《明史管見》中《明代物價考略》一文對明代米價
　　　　作了詳盡考論，參見黃冕堂，明史管見〔M〕，濟南：齊魯書社，1985：336
　　　　～372 頁。
〔註 66〕《皇明世法錄》卷 48，「有司官吏不住公廨」條，並有纂注：公廨以住官吏，
　　　　所以嚴出入之防也，故不住公廨而住街市民房者，杖八十。引自《四庫禁燬
　　　　書叢刊》史 15，第 316 頁。
〔註 67〕洪武《蘇州府志》蘇州府志圖卷，第 27 頁。
〔註 68〕楊聯陞，國史探微〔M〕，北京：新星出版社，2005：108。

態度，詔書中說到，由州縣官自己捐資修繕祠堂是對的，因為他支付得起這些小額捐贈，但是又指出，如果允許官員使用官帑做這些事情，容易導致官員和書吏貪污。〔註69〕

明代中後葉，義士、耆老、鄉紳等活躍在工程的捐助活動之中，承擔了大量的費用，並且介入其中的組織和施工，常被委任督理工程，如海瑞《築城申文》之「選家道殷實立心公直能幹耆民何一仁等一十六人，分方督築。」又如隆慶《趙州志》卷二，教諭陳田記述了趙州治衙署的重修〔註70〕：

> 成化六年（1470）公堂火，七年知州潘洪重修，有教諭陳田記。
> 記略曰，南海潘侯洪，以名進士出守趙州之期，月居無何，州之廳事遭回祿之變，民請各出賦以重建之。侯怫然動色……遂先捐俸以為倡，而節判益都李公俊、樂平毛公麟各出俸資以繼之，既而富家宦族聞風慕義而來，助者接踵。由是選材命工、相集俱作，高廣視舊有為加焉。

從上文裏「富家宦族聞風慕義而來，助者接踵」看出，勸募若是出於公益的名義，的確會有富家宦族、士紳大戶慷慨解囊，但有時勸募不免帶有一定的強迫性。弘治時浙江蘭溪知縣勸募富戶資助新修預備倉，《楓山集》卷四，章懋「蘭溪縣新遷預備倉記」〔註71〕：

> 朝廷始用大臣之議，令天下郡縣勸募富人入粟於官，以為荒備，其輸粟至千石者賜以璽書，旌為義民。時無錫薛侯理常乃作大倉於縣城之南數里倉嶺之下。儲穀以數萬計。又謂之義民倉。……弘治壬子（1492）之春崑山王侯倬……侯於是以義勸富人之堪事，授之規畫，分其程度，俾各以力自占，撤其舊以即於新。……倉雖既成，人猶懼其儲蓄之弗廣，侯以是歲當重造版籍，推割產稅，而受田之家，皆物力富強者也。隨其所收多寡，計畝而勸之，得白金二千七百餘兩，易穀萬有千石，自足當前虧損之數而倉儲不虛，非復向之名存實亡者矣。

王倬不僅讓富人效力修倉，倉糧也是從富人那裡「計畝而勸之」得來的；

〔註69〕《清實錄・世宗》卷五十五，40頁。
〔註70〕隆慶《趙州志》卷二，建置，1頁。
〔註71〕《四庫全書》集部，別集類，明洪武至崇禎，《楓山集》卷四，章懋，「蘭溪縣新遷預備倉記」，42～45頁。

並且與繳納贖金較多的罪輕者一樣，朝廷對應募出錢出糧較多者，也給予表彰旌為「義民」以誘之。

公帑派撥、罰贖入庫畢竟有限，勸募也有難度。每遇經費捉襟見肘，而且無法像前文《方齋存稿》那樣「出粟募饑民」之際，就只好徑直向里甲、百姓攤派銀兩或征派夫役了。海瑞《築城申文》中就詳細描述了他計劃動用罰贖和攤派的銀兩數目。在很多情形下，勸募往往有攤派、攤捐之嫌，事實上勸募與攤派只有一步之遙。「民之好義，由感不由劫」〔註72〕，但官家往往有「劫」民好義之情形。「如遇豐年，或於田畝正稅外，勸諭每畝一升，入倉備荒。」名為勸諭，實為攤派，幾類強取。〔註73〕明代劉麟曾指出勸諭無異於橫索：「此外又有勸諭一途，不過望門橫索，未免濫及無辜，加以官貪吏弊其害不可勝言。昔也止於貧者不安，今也富者亦無不病，尤為失計，縱使用刑勸諭，一切不顧而見行之數太多，亦恐未足。」〔註74〕攤派之風於明末十分普遍，萬曆二十四年（1596），廣東增城「丙申大饑，發倉捐賑，不給則又力勸富民之好義者全活以萬計。」〔註75〕這裡的「力勸」就帶有強制性質。

7.3.4　權宜

權宜則無定規，視各地情形而審時度勢因地制宜，其經費、材料、勞力等途徑可能是以上手段之一或綜合運用。弘治年間霸州修濬河堤和營繕城池「皆官自經紀不以煩民」〔註76〕：

> 霸為州在京師南二百餘里……弘治戊午（1498）東魯劉君珩來治是，邦巡撫使洪公察其才，首屬以河事，既復以城役委之。……而堤與城俱成，城既成而水益以無患，凡二役所費薪槀楗瓦木石磚之類，為錢以鉅萬計，皆官自經紀不以煩民，既訖工又以其餘力作大橋於州東苑家口，以濟往來；新州學、祭器、諸生會食器，作順天行府、太僕分寺、馬神祠，暨諸藏庾，廨舍、壇壝、衢路以次一新，而民不知費。

〔註72〕　呂坤，《實政錄》卷二，積貯倉庾。
〔註73〕　余自強，《治譜》卷十，積穀備荒。
〔註74〕　《四庫全書》，集部，別集類，明洪武至崇禎，劉麟，《清惠集》卷四，積穀預備倉糧以賑民疏，71 頁。
〔註75〕　《四庫全書》，乾隆《廣東通志》卷四十，名宦志省總，宦，鄔元忠，83 頁。
〔註76〕　《四庫全書》集部，別集類，明洪武至崇禎，顧清，《東江家藏集》卷二十一，「霸州修河繕城記」，16〜18 頁。

明代保定府治所在河北清苑縣，嘉靖《清苑縣志》卷二詳文記載弘治五年（1492）都指揮張溥審時度勢籌措材料，繕修保定城垣〔註77〕：

> 弘治五年（壬子 1492）都指揮張溥繕修城垣，知府趙英記略曰……我張使視閭，纂詢有眾，顧以費不貲而事不易，乃次第經營之。遂自門始，鳩磚石有序，聚材埴以節，日積月累既而閱其材頗足用，力因可爲也。乃召工作具，畚鍤灰絢之需、板杆之器，綽綽然應用咸備。高與厚以引，計凡若干尺，長暨闊以度，計凡若干丈。工始於壬子（弘治五年 1492）孟秋中旬至仲冬初浣，伍月未周，四門就緒。

湖廣應山知縣王朝璲是用租賃官地的辦法來籌集修理城牆經費的〔註78〕，是一個以土地（權力）換取資金（利益）的絕佳案例：

> 修城即備，以爲日久不無損壞，修補之費無所於出。除內外馬道外，因有餘剩空地若干，行令地方報拘近民，審各自願造屋賃住，遞年認納租銀，送官貯庫，聽候修補支用。仍恐官遷吏代，無稽考，認租之民，非惟脫閃其課，而官地或爲之侵佔。除城內舊額官地頗多，另行備將本縣與學遞年取魚池塘起止屆至，並張公祠賃屋種園充祭租額，及近年各民認領四門外基地丈尺數目、人役姓名造冊，一樣六本，存縣與學及三總甲各收備。

在廣義上，公共工程的經費並不完全是銀兩和穀物，材料和勞力（或曰徭役）等可以視作經費的其他形式。地方志中偶而會記載修繕事項的徭役決算，譬如明代宣德五年（1430）之後，山海關以衛所之建置隸屬北直隸永平府，清代康熙九年（1670）《山海關志》記載了明代山海關修理徭役：「本衛修理公署銀三兩三錢三分三釐。經歷修衙銀一兩八錢三分三釐……修理衙門置家活銀十兩……修理北察院糊飾鋪墊銀五兩。」〔註79〕

上述文字印證了動土營造從來都不是一件輕而易舉的事情，既要考慮長期利益和短期利益的協調，也要慮及是否具有實施的可能性，諸如費用的申請和分攤，組織和營造能力，施工的季節和便利等，以及在某種程度上是否

〔註77〕 嘉靖《清苑縣志》卷二，城池，18～21頁。

〔註78〕 嘉靖《應山縣志》卷上。

〔註79〕 〔清〕陳天植，〔清〕佘一元纂修，〔康熙〕山海關志。董耀會主編，秦皇島歷代志書校注，北京：中國審計出版社，2001：68頁。

具有正當性等事項。既然營造一事如此不便,「興作,古人所慎」〔註80〕,那麼明代府州縣級官員動土興建的動力與原因何在?

7.4 修築原因

雖然《漢書》中「建萬世之功」〔註81〕的立場可以作為一個注解,部分官員持以「一時之勞」來換取「萬世之利」的長遠視野〔註82〕,如海瑞所言之「一勞永逸」,但無論是為了造福一方,抑或迫於情勢,在官員頻繁調任的明代,對於短期利益和地方利益的考慮確實不容忽視。儘管如此,大體上可以從上級指示——責任,官員考核——嘉獎,朝廷法律——懲罰,經濟利益——誘惑,以及文化傳統——使命等層面來做理解和推測。

明代官員的任期很短,絕大多數只有三至六年的任期,由於「迴避法」〔註83〕,他們通常被委派到很遠的地方。地方官員在任內除非迫不得已,一般都因循苟且而儘量避免大興土木,以免落得沽名釣譽或濫徵民力的名聲。嘉靖《廣平府志》卷一「封域志」〔註84〕,記載了雞澤縣修建南北兩座城樓的緣由和經費籌措:

> 雞澤縣其地漳河東環……巡按御史龍湖施公以辛卯（1531）之秋戾至恒山,臘月遂遵趙洺而南,明年初夏由曲周至於雞澤,按治之三日,閱城池而門樓隘且圮,爰進周尹而語之曰:夫天下之事皆成於能任而壞於自私,其在郡邑尤易見也,彼避嫌者樂因循,而好

〔註80〕　《四庫全書》集部,別集類,明洪武至崇禎,《文簡集》卷三十一,孫承恩,「南京翰林院重修記」,25 頁。

〔註81〕　《漢書》卷 29,溝洫志第九,8 頁:其後韓聞秦之好興事,欲罷之,無令東伐。及使水工鄭國間說秦,令鑿涇水,自中山西邸瓠口為渠,並北山,東注洛,三百餘里,欲以溉田。中作而覺,秦欲殺鄭國。鄭國曰:「始臣為間,然渠成亦秦之利也。臣為韓延數歲之命,而為秦建萬世之功。」秦以為然,卒使就渠。渠成而用注填閼之水,溉舄鹵之地四萬餘頃,收皆畝一鍾。於是關中為沃野,無凶年,秦以富強,卒並諸侯,因名曰鄭國渠。

〔註82〕　《歐陽修集》卷三十八·居士集卷三十八:「君諱遜,字景山,世家歙州……出知興元府,大修山河堰。堰水舊溉民田四萬餘頃,世傳漢蕭何所為。君行壞堰,顧其屬曰:卯侯方佐漢取天下,乃暇為此以溉其農,古之聖賢,有以利人無不為也,今吾豈宜憚一時之勞,而廢古人萬世之利?乃率工徒躬治木石,石墜,傷其左足,君益不懈。堰成,歲穀大豐,得嘉禾十二莖以獻。」

〔註83〕　《四庫全書》史部,政書類,通制之屬,《明會典》卷七,21～23 頁。

〔註84〕　嘉靖《廣平府志》卷一,封域志。載於:《天一閣藏明代地方志選刊》,上海:上海古籍書店影印,1963:13～14。

事者多紛更，紛更之人非以倖名即以竊利，民之受病多矣，或者嫌
於是而事之不可已者，亦因循不爲，其勢必至於大壞極弊費益倍矣，
是避嫌之與好事者，均曰自私，因循之與紛更，均曰病民也。而其
圖之，適有吏農告奉例省榮，遂命以資費。周尹喜躍恭事，爲城樓
者二，北扁之曰拱辰志遵君也，南曰迎薰志恤民也。

　　此例中，巡按御史命令奉例省榮的吏農出資，知縣周文定負責城樓工程。
頗爲有趣的是文中點出了州縣一級官員不願大興土木的原因之一：「非以倖名
即以竊利，民之受病多矣。」

7.4.1　獎懲制度

　　升遷嘉獎從來都是一種激勵手段的官員考核機制。嘉靖《廣平府志》記載，
正德改元之年（1506）威縣知縣姜文魁修飭城池有功而獲得升遷一事〔註85〕：

　　　　正德改元，季夏江右姜君文魁由進士任斯邑，適巡撫都臺韓公
　　移檄郡縣修飭城池，姜君捧檄喜動顏色，遂以修理爲任，於是鳩材
　　庀工，首自城樓，其椽棟之朽蠹者易而新之，磚瓦之剝落者砌而覆
　　之，次及周圍城牆崩頹者培而築之……規制嚴審，惟西門密邇縣治
　　與三門不稱，即哀民聯居置關而與各門稱美。姜君拜命榮升大理寺
　　評事，修城之舉不可泯，當有記第。

　　《明英宗實錄》卷一七一，記正統十三年（1448）宣府總兵官申報修築
蔚州衛城，而擢引趙瑜：

　　　　正統十三年十月乙卯，宣府總兵官左都督楊洪奏，蔚州衛城，
　　周環八里，其垣墉樓櫓，雄麗壯健，舊爲邊城之冠，近年以來，邊
　　庭多敞，官軍調遣，歲無虛月，遂致頹壞，今本衛指揮僉事趙瑜，
　　頗有才幹，見在宣府操備，乞量升職事，俾回本衛督軍修理，庶邊
　　城壯固，易於守據，上從其言，命瑜署指揮使事。〔註86〕

　　以懲罰作爲約束機制，來使得地方官吏在營造上有所作爲自不待言。《大
明律‧工律‧營造》規定了地方官員對其所轄之域的公共工程和設施有修繕
維護之責。衙門公館、廨宇、倉庫、儒學、鋪舍、申明亭等，一旦遇損須及

〔註85〕　嘉靖《廣平府志》，卷一，封域志，22頁。
〔註86〕　柯潛等，明英宗實錄，卷一七一，正統十三年十月乙卯條，臺北：中央研究
　　　　　員歷史語言研究所，1962：3289。

時修繕〔註87〕，須保證工程質量，「虛費功力而不堪用者，計所費雇工錢坐贓論」〔註88〕，等等。清代也有類似的規定。〔註89〕

7.4.2　文化傳統

另一個原因是府州縣這一級的官員以及地方鄉紳的文化背景。知府知州知縣的選任，明朝前後期有所不同。明初，科舉制度尚不完備；永樂之後，學而優則仕者漸多。嘉靖《蘭陽縣志》云：「國朝初立賢無方，永樂中乃定制，而以進士、舉人並監生爲之。」〔註90〕文化背景使得他們具有守護傳統的綱常倫紀的職責，體現在弘揚儒學的價值觀及其所延伸的諸如興修廟學、貢院、寺廟和水利等物質事項上，至此，我們也就理解了爲何在中國地方志上有如此眾多的關於學校、貢院等捐資修建的德政記文，當然其中經濟利益的誘惑不容忽視。〔註91〕如弘治《易州志》卷十六，高鑒「易州新建吏舍井亭記」〔註92〕：

> 易舊爲邊鄙之地，凡事俱草創，不能一一如度。自國朝初來，廨舍未具，吏無居停之所，井有未鑿，人病汲水遠。歷數十守因循就簡，未能有建置者。弘治丁巳（1497），知州周公大猷銳志以興舉廢墜爲己任，謀諸僚佐曰：朝廷列爵班祿以寵任，庶官大小百司莫不有吏以書辦文移，然必有廨舍以居之，則起處食寢之有所，呼召趨承之不失，苟無其所而寓宿於外，朝夕出入，因而作弊豈能悉察；井乃人之所賴以養，不可或無；今皆未備，非缺典耶。遂請之當道允之，乃設法措置，節縮在官浮蠹之費，續以累次旌獎彩幣羊酒貲爲助。卜日鳩工，度地州治之東西，各構屋凡百六十楹，以間計者五十有四，屋後少豁庖湢咸具，析群吏居之，人各二間。總爲大門，

〔註87〕《大明律》，工律，營造，修理倉庫。

〔註88〕《四庫全書》卷史部，政書類，通制之屬，《明會典》卷一百三十九，刑部十四，16 頁。

〔註89〕《四庫全書》史部，政書類，通制之屬，《欽定大清會典則例》卷一百二十七，工部營繕清吏司，城垣，6 頁：「（順治）十五年題准城池不豫先修理以致傾圮者罰俸六月。」

〔註90〕嘉靖《蘭陽縣志》卷六。

〔註91〕參見張仲禮，中國紳士的收入——《中國紳士》續篇，費成康，王寅通譯，上海：上海社會科學院出版社，2001

〔註92〕弘治《易州志》卷十六，文章，創建，18～20 頁。

晨夜啓閉。復擇地於二門之東偏鑿井，僅尺許而得湮塞舊井，加以甃甓，寒泉清冽可鑒毛髮，上覆以亭以避風雨，下爲轆轤以便收綆。凡州內外之人，莫不資之。至於各社之民，或以詞訟徭役而至者，皆得以飮馬。經始於是年二月十五日，越冬十一月二十日告完。工出於傀，力出於傭，資不出官，民不知勞。同知周公天民、判官袁公濟、楊公琳等，皆負材器力替其成，且謂前此未有，不可無紀述，乃礱石屬鑒記之。

從這段史料來看，弘治十年易州新建吏舍井亭的籌資方式五花八門，或「節縮在官浮橐之費」，或「續以累次旄漿彩幣羊酒貲爲助」，在「設法措置」的手段中，值得注意的是「凡州內外之人，莫不資之……工出於傀，力出於傭，資不出官，民不知勞」的方式，事實上透露的是橫征勞力，至於同知周天民、判官袁濟、楊琳等人「皆負材器力替其成」，則是按《大明律》的條文盡責而已，因爲吏舍井亭本身是爲他們而建的。

倘若是由上而下發起的工程，則更是責無旁貸，因而就無需申報，對勞力的徵調也更爲直接，甚至可以跨區域徵集民工，多見於修築城池、圩岸、水利、橋樑等；況且僉調民役也就是地方經費的投入。《東江家藏集》卷二十一，顧清所撰「固安縣新城記」記載了知縣王宇圖奉命營建固安城郭的情形〔註93〕：

> 都城南百二十里有邑曰固安，……正德辛未（1511）群盜起山東轉掠河北，邑嘗被戕民，始知懼。上亦以廷臣議詔增築郡縣之無城郭者，而固安猶未有以應也。乃乙亥（1515）六月，御史盧君雍按立其地慨然念之，召知縣王君宇圖所以爲興築計，宇曰此令之責也，敢不共命，以告其民民曰，此使君之生我也，敢不盡力，於是爲之。……總役夫三千五十人，食米二千三十有五石，木以株計者三千七百九十餘，灰鐵洎石炭以斤計者十五萬八千一百有六十，凡木炭灰鐵費公帑銀七百兩有奇，米則民間義助，餘一無擾焉。民居當城表者遷之，蔬茹林木之當門術者啓之，而更賦以其旁之隙地闢馬廠，中爲通衢；而以其地益遷者，徙預備倉於城中，而給民以其故址如其數，應遷者皆優與貲給，民忘勞焉。

這一例中上級不僅對工程作出指示，還撥發經費「凡木炭灰鐵費公帑銀

〔註93〕顧清《東江家藏集》卷二十一，北遊稿。

七百兩有奇」，籌措食米木灰等物料，至於「霸州及永清等縣，各以其眾來助」，實為跨區域僉調民役。又《畿輔通志》卷九十八，彭時「撫寧縣城記」記載北直隸永寧府撫寧縣成化三年方始營建城池〔註94〕：

> 距京師之東五百餘里有府曰永平，自東八十里有縣曰撫寧，是為永平屬邑。……洪武十一年（1378），知縣婁大方以避寇故，請遷治於兔耳山之陽，永樂中復即舊治置撫寧衛，而衛與縣相去十里許，皆未有城，居者凜焉，惟外患。是時提督左都御史李公秉、巡撫右僉都御史閻公本，乃具疏請城，並復縣治學校於一城。於是鎮守右少監龔公榮、總兵官東寧伯焦公壽，相與賦材鳩工，命永平府同知劉送、撫寧衛百戶口郝銘，督率軍民分工築砌，始成化三年（1467）三月一日，越明年五月告成。

從上述文獻材料中，大體能勾畫出一個明代府州縣城池與建築等公共工程的管理與施工組織體系。

7.5　工程管理

7.5.1　官員與紳士

除了水利河防，明代的地方公共工程，除了沒有固定的經費之外，也沒有設立專門的職能部門或管理機構。公共工程實施時，除了上級衙門派官員監督外，地方官往往委派縣丞、主簿、典史等佐貳、首領官臨時負責督理，他們是工程的實際監督者。

明代府州縣衙亦仿中央六部之制，設吏、戶、禮、兵、刑、工六房，與中央六部相對應。根據《明史‧職官志》載：「縣。知縣一人，正七品，縣丞一人，正八品，主簿一人，正九品。其屬，典史一人。」其餘皆不入流，所以工房並沒有品級。典史為工房等六曹之首，工房是一個具體的辦事機構，掌管工程營造、修理倉庫、起蓋衙門和造作工價等事。前面所舉的趙州、唐山縣的例子，就是縣丞、主簿、典史等負責的，他們管理或協調耆老、義官、鄉紳等。

耆老、紳士等人士是官府依賴的對象，有時候政府設法籌資，他們出面主持大局，有了他們的配合和支持，工程的實施自然會更加順利。有時候工

〔註94〕　《四庫全書》，〔乾隆〕《畿輔通志》卷九十八，撫寧縣城記。

程本身就是由紳士等主動捐款或籌資來推動的，更少不了吸收他們參與管理，他們也可以部分地調節由官府對於庶民百姓的財力、勞役等橫征暴斂所引起的緊張關係，當然他們也會從中獲益或漁利。如嘉靖《廣平府志》卷一，編修袁煒記載邯鄲知縣董威率領主簿李霖、典史齊宗、儒紳申儆共同負責濬築城池〔註95〕：

> 適是歲（1545）……（董威）乃偕通判田君雲，詣邯鄲城環視之，量閎殺似厚薄程土飭材綜畫區明，以邯鄲積寡而力徵，恐置厥役，乃出郡帑金三百，募他郡壯卒三千人以資之，議成條上巡撫，具報可令下。董君殫力任之，於是率主簿李霖、典史齊宗、儒申儆諏吉，經費節力獎勤黜惰，大持小維植表作旗，群鍤競奮，經始於乙巳（1545）之季秋，越明年丙午（1546）三月竣事，蓋決六月而城成矣。

7.5.2 勞力

明代各省修建城垣的標準比例是「軍三民七」，即士兵占百分之三十，百姓占百分之七十。北京一帶軍人勞力的參與比例較高，因為駐守京城的軍隊數量很多。〔註96〕除此之外，囚犯的使用也已在前文論述。這裡隱含一個問題，以中國之廣袤，僉派與召募來的民夫並不固定且數量巨大，那麼每一個地方的夫役是如何被組織起來的？這就需要考察明代地方行政的基層組織和賦稅制度。

明代建立了里甲制度。在里之中，最基本的是里長和甲首。單就里甲而言，除了意味行政組織上的里和甲之外，多指里長和甲首。里長的任務在行政上極為重要，法令之中有明文規定，即《大明律》中所定「催辦錢糧，勾攝公事」二事，此外還有編造戶籍的責任。〔註97〕光緒《平湖縣志》云：

> ……相傳古（指洪武年間）有大糧長，聲勢烜赫如官府是也。宣德間改為永充。……景泰中革，未幾又復。正德中，民貧不能充

〔註95〕 嘉靖《廣平府志》卷一，封域志，18 頁。

〔註96〕 單士元，「明代營造史料」，《中國營造學社彙刊》4 卷 1 期，1933 年，116～117 頁；4 卷 2 期，1933 年，88～99 頁；5 卷 1 期，1934 年，77～84 頁。

〔註97〕 《明律·戶律·戶役》之《禁革主保里長》條中，有關於里長職責的規定；另，萬曆《大明會典》卷之一百六十三律例四戶律一《禁革主保里長》：凡各處人民，每一百戶內，議設里長一名，甲首一十名，輪年應役，催辦錢糧，勾攝公事。

其選，遂有串名法。〔嘉靖中知縣顧廷對〕均平〔法〕行後，始每歲
每里役一人為之，充解銀、米差役，復名之曰解戶。其里〔長〕之
值年者曰見年。從前值日提牌，斂里甲錢，以奉各「辦」之役。條
鞭行，而見年〔里長〕無所事事，與糧長分上下五甲督催倉糧櫃銀，
在官聽比，兼任城垣、圩堰等役。行之既久，繁費漸多。僅僅中人
之產，十年中迭支兩役，欲不耗破，不可得矣。……萬曆後，銀差
用官解，以「空役」出銀貼之，他役亦多裁革，止餘米解在民，糧
長役大省。城垣復用「空役銀」官修，見年〔里長〕之役並省矣。
〔註98〕

　　這一段說得是，自施行一條鞭法之後，徭役折銀繳納，各項差役多可以
採用折價的方式，百姓繳納了代價銀兩之後，就無需親自充任，至於原有的
徭役名稱仍予以保留。文中的「空役銀」便屬於這種性質。於是現年里長的
差事少了許多，他只和糧長分掌上下五甲的倉糧和櫃銀的督催事宜，以及兼
管修理城垣等役。至萬曆之後，其修城之役又改折銀差，由官府修理，於是
里長之力更省。

　　由此可以推斷，官府修理城垣、圩堰等工程曾一度施行，從地方志材料
來看，一般是在明初，之後地方政府對民間的各種力役征派逐漸增多。這是
因為國家的正項賦稅，即夏稅秋糧是有定額的，不得隨意增加，而其中的存
留部分極為有限，根本無法應對地方財政的需要，如行政辦公的開銷，既然
無法得之於正項賦稅，便只能取之於徭役。弘治初，均徭開始在全國實行，
其後又出現了力差和銀差之分，許多銀差的項目直接提供地方各種行政費
用。後有一時期不用，至萬曆「城垣復用『空役銀』官修」。儘管里甲有時候
並不親自參與工事，但他們以徭役的形式參與，是明代公共工程的勞力。

7.5.3　興修作息

　　不難發現這些公共工程的一個特點——「於農隙之時興工」〔註99〕，即
在農閒季節利用農村勞力，並安排這一季節作為施工的高峰。在中國歷史中，
對於「動土」一直以來有一種強烈的迷信，所以就得選定黃道吉日。根據《禮
記》中的「月令」，夏季「不可以興土功……毋舉大事」，即不能進行大工程；

〔註98〕　光緒《平湖縣志》卷六‧食貨志（上），「田賦」，「糧長」，引乾隆舊志。
〔註99〕　《四庫全書》，《明會典》卷一百五十四，工部八，城垣，1頁。

最適合修補城郭的月份是秋七月，最適合築城郭建都邑的月份是秋八月；最適合毀壞城郭（即小修）的月份是冬十月。〔註100〕這些月份的選擇多少是為了不妨礙農事的緣故。中國農業季節性就業不足的情況相當嚴重，這是因為穀物生產支配著農事，通過使用在農閒時無活可幹的勞動力來興建工程是比較經濟的。

7.6 小結

以上是一個專題研究──明代北直隸府州縣官方公共工程的財政制度，而且不包括河防漕運等水利工程，更多呈現的是一些細節性內容，各方面證據和數據的呈現也許尚不足以就整個明代作出可靠的概括性結論。以下是一些暫時性的觀察結果。

（1）明代地方府州縣的城池與建築等公共工程的財政制度思想，是中國傳統的為強化皇權和以中央集權為先，以中央（皇城都城）為先，皇家藩王所在的省城、府城（藩鎮）居次，地方府州縣再次之的政策。

（2）明代的府州縣級財政中，除了水利河防之外，並沒有投向公共工程的固定預算，其財政經費安排，隨明代賦稅制度的變化而有所變革，並視各地情形而定，其時間的先與後、資金的豐與瘠並無從一而終的定規；無論公共工程的規模大小，先須申報上級，其銀兩、勞力、物料等經費由府州縣地方政府自行籌措，大體上可分為派撥、罰贖、勸募、攤派、權宜等途徑。由於明代地方政府的財政開支十分有限，這使得他們很多時候只是一個召集者，更多的是地方紳士承擔了諸多具體的公共工程實施事宜。其實，中國內部的多樣性使得任何來自中央的單一控制都顯得有些不切實際，地方上的權宜與變通或許是必要的，但也由此埋下了諸多弊端隱患。

（3）縱觀明代地方府州縣的城池與建築等相關的經費安排，從總款項數量看，呈現由多變弱以至於式微的趨勢，這與明代的行政區劃與架構、財政與稅收、行政司法審級管轄、職官俸祿與考核制度，以及跟營造相關的法律等有一定關係，但從體制來看，則是從明初的過分集中於中央和都城，向著明中後葉兼顧中央、地方以及邊防多重需要的軌轍變化。

〔註100〕《禮記》「月令」。

第8章 結 論

8.1 明代北直隸城市平面形態的特徵

在城市的平面選址上，若不計都司衛所，那麼除了極個別始創於明朝的州或縣者之外，明代北直隸城市大多因襲舊土城，少許因自然地理條件變故而徙置。依據明代方志和官方文獻所做的研究表明，至少明代前中期由於政治和社會現實導致的北直隸很多城市長期處於城垣頹圮，甚至沒有城牆的狀態，如廣平府的曲周縣直至明中期成化四年（1468）才開始奉命修建城牆。

政治與軍事因素對於北直隸城市與建築的影響是直接而明確的，明代北直隸城池的營建與修葺，與明朝發展脈絡與階段相對應。建文朝時期，由於北直隸許多城市的地理位置處於燕王朱棣發起「靖難之役」的路線上，因此這些城市的城牆營建因戰事而修築，並隨著戰局而時斷時續。

除了短暫的洪熙朝（1425 年）與泰昌朝（1620 年）之外，其餘各朝都有城池構築活動。其規模和影響最大者，以永樂朝之營建順天府北京城居首；其修葺次數最多者，以嘉靖朝居首，萬曆朝次之，正德朝再次之，永樂朝、宣德朝與建文朝並列而居末。從甃砌磚城（盡甃或易磚以垛）的多寡與範圍角度考察，以正德朝居首，崇禎朝次之，嘉靖朝和萬曆朝再次之，下以隆慶朝、成化朝和景泰朝大體相當，餘各朝建樹無多。

以建築學角度即以城牆周長，而不是人口或者稅賦來衡量與考察北直隸城池之規模與等級，基本以府、州、縣遞減，實例有順德府與廣平府，但是行政等級並不完全決定城市規模，其中亦有例外者。北直隸城池規模分為 4 等，最大的周圍 40 里，只有北京城；第二等是周圍 9～12 里左右，共 28 個；

第三是周圍6~7里左右，共21個；其餘爲第四等周圍3~5里的城市，數量也最多。一般情形下，一府之內的府城大於其州縣規模，惟一的例外是開州大於府城大名府；而一州之內的州城並不一定大於其所領之縣規模，實例共有六個。府與府之間行政等級相同的城市規模沒有對應關係，例如保定府下轄的雄縣、完縣、易州小於保定府，卻與永平府、廣平府和大名府三座府城的城池規模旗鼓相當。因此，由於歷史、地理以及行政建置的劃分與合併等因素，明代北直隸地方城市的行政等級並不完全決定城池規模等級。

北直隸城市以規則的矩形城垣居多，亦有少量不規則的八角形、半圓形、橢圓形、L形、T形等，這一點和明代江南地區的城市具有明顯區別。除了北京城之外，其他北直隸城市只有一套城牆，府州城一般每邊開一門至二門，縣城一般每邊開一門，亦有象嘉靖年間雄乘縣城北邊不開門的例子。北直隸城市中乾道成十字街、井字街布置是比較常見的街道坊巷形態。

在城市平面形態上，有兩個因素較多地影響了明代北直隸城市空間格局：一是，與宋元相比，明代府州縣中衙署的數量增加了，除了治所之外，地方府州縣城市出現了都察院與察院等衙署；還有諸如惠民藥局、養濟院、漏澤園等恤政衙署；預備倉、常平倉等賑濟倉儲衙署；急遞總鋪、驛站、養馬場等鋪舍衙署。二是，唐宋元時期地方城市中的衙署圍繞子城，或者治所而選址，而子城在明代城市中逐漸消失。

子城的消失，使得隨著明代行政體系確立而滋生的眾多衙署在城市內部的選址上有了更多的選擇，不再受子城的限制，也就是可以不局限和集中在某一區域，從而使得城市內部的功能布局產生變化，呈現出衙署選址的靈活性：治所衙署即府治、州治、縣治建築群一般位於中軸線偏北；衙署及其相關建築和院落譬如廟學、察院、倉庫等聚集在行政中心，或換言之形成了行政中心；鼓樓和鐘樓通常位於城市的中心，主要在十字路口；官方的城隍廟分佈在城牆內，主要是位於比較優越的地點，而那些非官方的廟宇，則被安置在城市的任意方位，或者在城牆之外。

本文研究還揭示，明初洪武朝就確立了社稷壇、山川壇、厲壇、城隍廟和文廟的規制，它們是惟一的明代各府、州、縣城必有的壇和廟，在鄉村則是里社壇、土地祠（或土地廟）和鄉學。在等級上，明代社稷壇分五個等級：太社稷壇、帝社稷壇、王國社稷壇、府州縣社稷壇、鄉社里社。

在數量上，明代北直隸各府州縣城，只有一套社稷壇、山川壇、厲壇，

這一點與城隍廟、文廟不同。換言之,那些倚郭的縣城沒有自己獨立的壇壝,它們與府城共用壇壝,例如倚附於北直隸大名府城的元城縣等。但是倚郭的縣城也有自己的文廟,因此府城與京城會出現兩所文廟。而城隍廟明代中後期北直隸之外的一城之內甚至有兩個城隍廟,例如成都。

在方位布置上,北直隸的太社稷壇、帝國社稷壇與燕王府的王國社稷壇在京城內,府州縣社稷壇基本都位於城牆外的西郊,但是也有個別遷徙或不合禮制的情形;而府州縣一級的山川壇、厲壇大體上分別位於城外的南郊與北郊。

這些祭祀空間和學校一樣,是中國明代城市和鄉村不可或缺的空間要素,與那些和城市關係若即若離、時有時無的先農壇、關帝廟、龍王廟等不同,是明代特有的場所,並被清代所傳承,從而構成了明清中國區別於其他國家(民族)地域空間的特徵之一;它們是明代城市營建的制度性安排結果,即祭祀禮制與科舉制度的產物,它們與散佈在城鄉的諸多寺廟道觀等一起,體現了宗法制度(包括家廟之制、祠堂禮制)和善神崇拜,具有家國同構與城鄉同構的特質,是明代人文地理特徵之一。北直隸城市的特徵印證上述論斷,可以抽象地概括成一個明代城市平面形態原型(圖 8.1)。

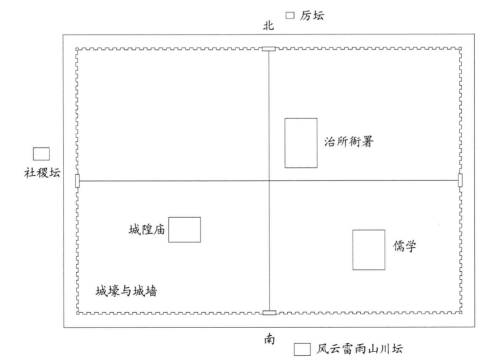

圖 8.1 明代城市平面形態原型(資料來源:自繪)

8.2 明代北直隸城市建築規制的特徵

明代治所衙署規制與前朝的主要不同在於「府官居第及各吏舍皆置其中」，即衙署辦理公務的同時，還容納官吏居住的功能。其中，府治衙署基址規模爲「深七十五丈，闊五十丈」，州縣衙署略小。

北直隸府州縣城內按等級設置的府衙、州衙和縣衙治所建築，在建築群落布置上的基本規制上是十分接近的，其平面格局是前衙後宅式的。多數治所衙署有三個共同特點：一是封閉性，四面以高牆與外界相隔；二是形制四方規整，中間有一條顯著的中軸線。三是建築平面規制分中路、東路、西路。

在中軸線上，依次排列著府州縣門、儀門、大堂、二堂、三堂等中路建築群。中路建築群大致可分爲三段：儀門之前主要是禮儀性的建築；儀門至二堂或三堂爲府州縣衙的核心區域，爲知府知州知縣辦案、辦公之所；二堂或三堂之後，爲知府知州知縣內宅。中路建築兩側，則分佈東路、西路建築群，是次要輔助性功能房屋與院落爲主的左右兩個輔軸線，即佐貳官縣丞、主簿和首領官典史等的衙門和宅邸，以及吏廨、監獄、倉庫等建築。其間的等級差別所在，應該體現在隨著官階等級的差別而決定的庭院面寬與進深。

北直隸各府州縣廟學，在洪武元年至弘治四年的 124 年間（1368～1491，包括洪武元年）已經全部設置。對於一所特定具體的廟學而言，儒學和文廟有時候不是同時創建或構築的。北直隸廟學的建築形制分三種情形：前廟後學、左廟右學、右廟左學。嘉靖九年之後，北直隸廟學普遍設立敬一亭。

洪武元年至弘治四年的 124 年間，北直隸的廟學全部落成。一般說來，廟學選址首推城市或治所衙署的東南隅，但廟學的選址也並非一成不變。附郭縣城仍然獨立設置縣學，形成與州學或府學並存的兩套廟學。而這種選址方位，有些並不是發生在明代的選擇，很多是因襲前朝的舊址。

明代北直隸廟學規制也是明代禮制變化歷程的反映，政治因素影響了明代北直隸地方廟學建築的格局，使得明代廟學的發展呈現階段性特徵，主要的改變時間段是明洪武朝和明嘉靖朝。其一是洪武十五年（1382），朱元璋下令天下通祀孔子；其二是嘉靖七年（1528）開始，明世宗敕工部於翰林院蓋敬一亭，以垂永久，開啓了各地方興建敬一亭之濫觴，其三，嘉靖九年，詔各地方官學建啓聖祠，祭祀孔子父親，大成殿自此改名爲先師殿，這些政治

因素改變了廟學空間形態。

明代北直隸廟學基址平面布局分三種情形：前廟後學、左廟右學與右廟左學；主要分爲三部分：1）以先師殿爲中心的文廟建築，2）以明倫堂爲中心的儒學建築，3）以及學齋、教諭宅、射圃等其他教學與生活輔助建築。府州縣的廟學是有等級區別的。其中主要體現在先師殿與明倫堂、戟門的開間，以及廟學的基址規模。一般情形下，如果府學比州學、縣學的規制高一級，如先師廟、明倫堂爲七間、戟門五間，則州縣降一級爲五間和三間。

城隍廟的建築規制於明洪武三年（1370）頒佈——「高廣視官署廳堂」，就是其建築規制與所在城市的治所衙署建築的等級與規制一致，其等級大小至少有都城隍廟與州縣城隍廟之分。明代北直隸的城隍廟選址方位不一，平面格局基本相似，都是在中軸線上布置大門、儀門、正殿和寢殿，並在正殿之前東西兩側設置廊屋，形成三進院落，其等級大小也許體現在面闊與進深的尺寸上。

明代對於壇壝形制有具體的規定，其中府州縣壇壝規制爲：「洪武禮制，祭祀儀式，社稷，府州縣同：壇制東西二丈五尺，南北二丈五尺，高三尺，四出陛各三級，壇下前十二丈或九丈五尺，東西南各五丈，繚以周牆，四門紅油，北門入。」由於理解與解讀的差異，北直隸地方府州縣的執行情況參差不齊，基址規模或大或小，並且隨著歲月變遷，各地自然地理條件的改變，城址遷徙的情形時有發生，壇廟或興或廢不一而足，部分地導致個別地方志中關於壇壝方位的文本和圖像不符，地理錯置，各地壇廟建置與修繕時間並不整齊劃一。

北直隸的衙署建築、廟學建築與壇廟建築大體都遵循中軸對稱、前衙後宅、左尊右卑、等級分明的基本布置原則，形成院落空間清晰、結構有序、功能明確、形態嚴整的建築組群，同時又具有平面格局因地制宜的靈活性。

從明初洪武朝禮制初備，隨著兩京制形成之後的永樂朝承制，直至明中期嘉靖朝改制，祭祀禮制在變化，壇廟規制也相應進行著調整，這一點對於北直隸都城的壇廟影響尤甚，反映了禮制對於建築形制的影響。畢竟，明代北直隸各地的建築與城市情形雖然紛繁，但都必須大體遵循大的朝代背景下的制度框架、建造習慣和做法。

8.3 值得深入的問題

　　明朝正式統治時期的 277 年間（1368～1644 年）〔註1〕，是自從 1126 年北宋陷入女眞人之手以後，直至 1911 年辛亥革命推翻帝制這段中國歷史時期，惟一由漢人統治中國本土的一個王朝。蒙古族的元朝和漢族的明朝之間的這種更替，確實對中國人的生活產生了影響。明清兩朝是延續了兩千多年的一系列帝制政權的最後兩個王朝，它們的制度有許多共通之處，而明清兩朝就常常被連在一起作爲中國歷史上的一個時期，在 20 世紀和 21 世紀回顧明清兩朝時，很容易帶入這樣的思考方式，假定並認爲明清兩朝非常相像，在史學界這種視野的影響之下，建築學界在分期中，一般將明、清兩朝歸入一期，稱爲明清城市和建築。從地方城市切入的一些中國制度的斷代史研究視野下，上述思考方式是值得商榷的。

　　本文研究北直隸城市與建築，雖然也爲探究明代其他城市提供了一定的視角，但一個斷代史和專題史研究應該要以精詳的資料作基礎——比如大小朝代的興衰和貫穿整個中國歷史的某些制度，然而這樣的研究成果和材料並不能經常左右逢源。本文關於明代北直隸府州縣治所之外的那些衙署建築，以及與日常生活相關的民居和勾欄瓦肆等城市空間，都有待於進一步深入。

〔註 1〕 1662 年，明朝的餘部南明在緬甸被終結，其時距清軍於 1644 年入關已幾近 20 年。

參考文獻

一、普通古籍

1. 胡廣等，明太祖實錄，臺北：中央研究院歷史語言研究所，1962。

2. 李時勉等，明太宗實錄，臺北：中央研究院歷史語言研究所，1962。

3. 李時勉，明宣宗實錄，臺北：中央研究院歷史語言研究所，1962。

4. 柯潛等，明英宗實錄，臺北：中央研究院歷史語言研究所，1962。

5. 傅翰等，明憲宗實錄，臺北：中央研究院歷史語言研究所，1962。

6. 毛紀等，明孝宗實錄，臺北：中央研究院歷史語言研究所，1962。

7. 陳經邦等，明世宗實錄，臺北：中央研究院歷史語言研究所，1962。

8. 張惟賢等，明神宗實錄，臺北：中央研究院歷史語言研究所，1962。

9. 張廷玉等，明史，北京：中華書局，1974。

10. 脫脫等，宋史，北京：中華書局，1977。

11. 宋濂等，元史，北京：中華書局，1976。

12. 趙爾巽，清史稿，北京：中華書局，1976。

13. 朱元璋，皇明祖訓。四庫全書存目叢書編纂委員會編，四庫全書存目叢書（史264），濟南：齊魯書社，1996。

14. 朱元璋，明太祖皇帝欽錄，故宮文獻季刊，1970，1（4）：71～112。

15. 朱勤美，王國典禮。北京圖書館古籍出版編輯部，北京圖書館古籍珍本叢刊（第59冊），北京：書目文獻出版社，1998。

16. 徐學聚，國朝典匯。四庫全書存目叢書編纂委員會編，四庫全書存目叢書（史部第264冊），濟南：齊魯書社，1996。

17. 〔明〕唐臣，雷禮纂修，嘉靖《眞定府志》。《四庫全書》存目叢書（史部第192冊），濟南：齊魯書社，1996。

18. 林堯俞等，禮部志稿。景印文淵閣四庫全書，598 冊，臺北：臺灣商務印書館，1983。

19. 佚名，太常續考。景印文淵閣四庫全書，599 冊，臺北：臺灣商務印書館，1983。

20. 李賢，明一統志。景印文淵閣四庫全書，472～473 冊，臺北：臺灣商務印書館，1983。

21. 申時行等，明會典，北京：中華書局，1989。

22. 李林甫撰，陳仲夫點校，唐六典，北京：中華書局，1992。

23. 馬端臨，文獻通考，上海：商務印書館，1936。

24. 允祹，欽定大清會典。景印文淵閣四庫全書，619 冊，臺北：臺灣商務印書館，1983。

25. 鄭玄注，賈公彥疏，李學勤主編，周禮注疏，北京：北京大學出版社，1999。

26. 勞堪，憲章類編。北京圖書館古籍出版編輯部，北京圖書館古籍珍本叢刊（46），北京：書目文獻出版社，1998。

27. 陳仁錫，皇明世法錄。王鍾翰，四庫禁燬書叢刊（史 15），北京：北京出版社，2000。

28. 查繼佐，罪惟錄，杭州：浙江古籍出版社，1986。

29. 王鴻緒，明史稿，臺北：文海出版社，1962。

30. 谷應泰，明史紀事本末，上海：上海古籍出版社，1994。

31. 朱國禎，湧幢小品，北京：中華書局，1959。

32. 陸釴，病逸漫記。四庫全書存目叢書編纂委員會編，四庫全書存目叢書（子 240），濟南：齊魯書社，1995。

33. 〔明〕海瑞，海瑞集，北京：中華書局，1962。

34. 〔明〕沈榜，宛署雜記，北京：北京古籍出版社，1982。

35. 〔清〕于敏中等編纂，日下舊聞考（卷 100）《京畿》，北京：北京古籍出版社，1983。

36. 顧炎武著，黃汝成 集釋，欒保羣等點校，日知錄集釋，上海：上海古籍出版社，2006。

37. 王世貞，弇山堂別集。景印文淵閣四庫全書，409～410 冊，臺北：臺灣商務印書館，1983。

38. 王世貞，弇州四部稿。景印文淵閣四庫全書，1279～1281 冊，臺北：臺灣商務印書館，1983。

39. 金幼孜，金文靖集。景印文淵閣四庫全書，1240 冊，臺北：臺灣商務印書館，1983。

40. 朱誠泳，小鳴稿。景印文淵閣四庫全書，1260 冊，臺北：臺灣商務印書館，1983。

41. 林俊，見素集。景印文淵閣四庫全書，1257 冊，臺北：臺灣商務印書館，1983。

42. 夏言，南宮奏稿。景印文淵閣四庫全書，429 冊，臺北：臺灣商務印書館，1983。

43. 王樵，方麓集。景印文淵閣四庫全書，1285 冊，臺北：臺灣商務印書館，1983。

44. 黃訓，名臣經濟錄。景印文淵閣四庫全書，443 冊，臺北：臺灣商務印書館，1983。

45. 范成大，攬轡錄，叢書集成初編，上海：商務印書館，1936。

46. 陶宗儀，南村輟耕錄，北京：中華書局，1959。

47. 蕭洵，故宮遺錄。北平考 故宮遺錄，北京：北京出版社，1963。

48. 孫承澤，春明夢餘錄，北京：北京古籍出版社，1992。

49. 劉若愚，明宮史，北京：北京古籍出版社，1980。

50. 熊夢祥，析津志輯佚，北京：北京古籍出版社，1983。

51. 徐弘祖著，朱惠榮校注，徐霞客遊記校注，昆明：雲南人民出版社，1985。

52. 〔明〕禮部纂修，洪武京城圖志，南京：南京出版社，2006。

二、地方志

1. 郜相修，樊深纂，嘉靖河間府志，明嘉靖十九年刻本。

2. 石祿修，唐錦纂，正德大名府志，明正德元年刻本。

3. 章律修，張才纂，徐珪 重編，弘治保定郡志，明弘治七年刻本。

4. 翁相修，陳棐纂，嘉靖廣平府志，明嘉靖二十九年刻本。

5. 蔡懋昭纂修，隆慶趙州志，明隆慶元年刻本。

6. 戴敏修，戴銑纂，弘治易州志，明弘治十五年刻本。

7. 唐交等修，高濬等纂，嘉靖霸州志，明嘉靖二十七年刻本。

8. 王齊纂修，嘉靖雄乘，明嘉靖十六年刻本。

9. 唐臣修，雷禮纂，嘉靖真定府志，明嘉靖二十八年（乙酉 1594）刻本。

10. 謝庭桂纂，蘇乾續纂，嘉靖隆慶志，明嘉靖二十八年刻本。

11. 李廷寶纂修，嘉靖清苑縣志，天一閣藏明代方志選刊續編（1）。

12. 李復初纂修，嘉靖蠡縣志，天一閣藏明代方志選刊續編（1）。

13. 趙惟勤纂修，嘉靖獲鹿縣志，天一閣藏明代方志選刊續編（1）。

14. 程遵纂修，陳紀編集，正德趙州志，天一閣藏明代方志選刊續編（2）。

15. 胡榮修，嘉靖威縣志，天一閣藏明代方志選刊續編（2）。

16. 吳傑修，張廷綱，吳祺纂，弘治永平府志，天一閣藏明代方志選刊續編（3）。

17. 景芳纂修，正德臨漳縣志，天一閣藏明代方志選刊續編（3）。

18. 周文龍修，孫　紹等纂，嘉靖磁州志，天一閣藏明代方志選刊續編（3）。

19. 唐交修，陳　瑋纂，嘉靖武安縣志，天一閣藏明代方志選刊續編（4）。

20. 佚名纂，嘉靖涉縣志，天一閣藏明代方志選刊續編（4）。

21. 雍正《畿輔通志》，李衛序，文淵閣《四庫全書》本。

22. 宋祖乙修，申佳胤等纂，崇禎永年縣志，明崇禎十四年刻本。

23. 夏詒鈺等纂修，永年縣志，清光緒三年刊本。

24. 佚名纂，成化順德府志，邢臺市地方志辦公室編，《順德府志》（明代兩朝三部珍本），重印本，非公開發行，2007。

25. 佚名纂，萬曆順德府志，邢臺市地方志辦公室編.《順德府志》（明代兩朝三部珍本），重印本，非公開發行，2007。

26. 周應中修，楊芳纂，萬曆眞定縣志，明萬曆 5 年刻本。

27. 鄒守愚，李濂，嘉靖河南通志，明嘉靖三十四年刻本。

28. 崔銑，嘉靖彰德府志，天一閣藏明代方志選刊（45）。

29. 常存仁，郭樸，萬曆彰德府續志，明萬曆九年刻本。

30. 侯大節，萬曆衛輝府志，稀見中國地方志彙刊（34）。

31. 曾顯纂修，弘治直隸鳳陽府宿州志，天一閣藏明代方志選刊續編（34）。

32. 郭大綸修，萬曆淮安府志，天一閣藏明代方志選刊續編（8）。

33. 佟國瑞，吳幹將，李中節，康熙汲縣志，康熙三十四年刻本。

34. 魏青銍，民國汲縣今志，民國二十四年南京鉛印本。

35. 黃似華，李本固，萬曆汝南志，明萬曆三十六年刻本。

36. 紀國珍，劉元琬，羊璘，順治汝陽縣志，稀見中國地方志彙刊（35）。

37. 邱天英，李根茂，康熙汝陽縣志，清清康熙二十九年刻本。

38. 德昌，王增，嘉慶汝寧府志，清嘉慶元年刻本。

39. 陳伯嘉，李成均，民國重修汝南縣志，中國方志叢書 華北地方（453）。

40. 陳宣，喬縉，弘治河南郡志，明弘治十二年刻本。

41. 孟重，劉涇，嘉靖懷慶府志，明嘉靖四十五年刻本。

42. 袁通，方履籛，道光河內縣志，中國方志叢書 華中地方（475）。

43. 邵大業，孫廣生，乾隆禹州志，清乾隆十二年刻本。

44. 王琴林，民國禹縣志，中國方志叢書 華北地方（459）。

45. 何景明，雍大記，四庫全書存目叢書（史 184）。

46. 趙廷瑞，馬理，嘉靖陝西通志，明嘉靖二十一年刻本。

47. 李思孝，馮從吾，萬曆陝西通志，明萬曆三十九年刻本。

48. 周易，萬曆鳳翔府志，萬曆五年刻本。

49. 達靈阿，周方炯，高登科，乾隆重修鳳翔府志，中國方志叢書 華北地方（292）。

50. 王行儉，乾隆南鄭縣志，清乾隆五十九年刻本。

51. 郭鳳洲，柴守愚，劉定鐸，民國續修南鄭縣志，中國方志叢書 華北地方（257）。

52. 王珣，胡汝礪，弘治寧夏新志，天一閣藏明代方志選刊續編（72）。

53. 楊守禮，管律，嘉靖寧夏新志，天一閣藏明代方志選刊（68）。

54. 楊壽，萬曆朔方新志，故宮珍本叢刊，（084）.甘肅寧夏府州縣志（第二冊）。

55. 張金城，楊浣雨，乾隆寧夏府志，中國方志叢書 塞北地方（3）。

56. 汪繹辰，銀川小志，中國西北稀見方志（7）。

57. 唐懋德，萬曆臨洮府志，稀見中國地方志彙刊（9）。

58. 陳士楨，涂鴻儀，道光蘭州府志，中國方志叢書 華北地方（564）。

59. 陸釴，嘉靖山東通志，天一閣藏明代方志選刊續編（51～52）。

60. 宋祖法，葉承宗，崇禎歷城縣志，明崇禎十三年刻本。

61. 蔣焜修，唐夢齎，康熙濟南府志，清康熙三十一年刻本。

62. 王贈芳，王鎮修，成瓘，冷烜，道光濟南府志，清道光二十年刻本。

63. 胡德琳，李文藻，乾隆歷城縣志，清乾隆三十八年刻本。

64. 毛承霖，續修歷城縣志，民國十五年歷城縣志局鉛印本。

65. 朱泰，游季勳，包大爟，萬曆兗州府志，天一閣藏明代方志選刊續編（53～56）。

66. 于慎行，萬曆兗州府志，明萬曆二十四年刻本。

67. 張鵬翮，康熙兗州府志，清康熙二十四年刻本。

68. 覺羅普爾泰，陳顧聯，乾隆兗州府志，清乾隆三十五年刻本。

69. 李兆霖，光緒滋陽縣志，光緒十四年續修刻本。

70. 杜思，馮唯訥，嘉靖青州府志，天一閣藏明代方志選刊（41～42）。

71. 王家賓，鍾羽正，萬曆青州府志，萬曆四十三年刻本。

72. 田仰，萬曆益都縣志，萬曆四十六年刻本。

73. 陳食花，鍾諤，康熙益都縣志，清康熙十一年刻本。

74. 毛永柏，李圖，劉耀椿，咸豐青州府志，清咸豐九年刻本。

75. 張承燮，法偉堂，光緒益都縣圖志，清光緒三十三年刻本。

76. 鄭希僑，劉繼先，崔士偉，嘉靖武定州志，天一閣藏明代方志選刊（44）。

77. 桑東陽，邢侗，萬曆武定州志，萬曆十六年刻本。

78. 王永積，劉嘉禎，崇禎武定州志，明代孤本方志選。

79. 倭什布，劉長靈，乾隆惠民縣志，乾隆四十七年刻本。

80. 沈世銓，光緒惠民縣志，光緒十二年刻本。

81. 徐汝冀，萬曆沂州志，明萬曆三十六年刻本。

82. 李希賢，乾隆沂州府志，清乾隆二十五年刻本。

83. 李侃，胡謐，成化山西通志，明成化十一年刻本。

84. 楊宗氣，周斯盛，嘉靖山西通志，明嘉靖四十三年刻本。

85. 楊淮點校，永樂太原府志。安捷，太原府志集全，太原：山西人民出版社，2005。

86. 關廷訪，張慎言，萬曆太原府志。安捷，太原府志集全，太原：山西人民出版社，2005。

87. 費淳，沈樹聲，乾隆太原府志。安捷，太原府志集全，太原：山西人民出版社，2005。

88. 李培謙，閻士驤，道光陽曲縣志，中國方志叢書 華北地方（396）。

89. 馬暾，弘治潞州志，明弘治十八年刻本。

90. 楊晙，李中白，周再勳，順治潞安州志，清順治十六年刻本。

91. 張淑渠，姚學瑛，乾隆潞安府志，清乾隆三十五年刻本。

92. 吳九齡，蔡履豫，乾隆長治縣志，清乾隆二十八年刻本。

93. 李禎，楊篤，光緒長治縣志，清光緒二十年刻本。

94. 張欽，正德大同府志，四庫全書存目叢書（史186）。

95. 胡文燁，順治雲中郡志，清順治九年刻本。

96. 吳輔宏，王飛藻，乾隆大同府志，中國地方志集成 山西府縣志輯（4）。

97. 黎中輔，道光大同縣志，清道光十年刻本。

98. 林富修，黃佐，嘉靖廣西通志，明嘉靖十年刻本。

99. 蘇濬，萬曆廣西通志，明萬曆二十七年刻本。

100. 陳璉，宣德桂林郡志，明景泰元年吳惠重刻增補宣德本。

101. 劉大謨，王正元，嘉靖四川總志，北京圖書館古籍珍本叢刊（42）。

102. 虞懷忠，杜應芳，萬曆四川總志，四庫全書存目叢書（史199～200）。

103. 黃廷桂，張晉生，雍正四川通志，清雍正十一年刻本。

104. 馮任，張世雍，天啓新修成都府志，中國地方志集成 四川府縣志輯（1）。

105. 王泰雲，嘉慶成都縣志，清嘉慶二十一年刻本。

106. 陳法駕，葉大鏘，民國華陽縣志，民國二十三年刻本。

107. 楊思震，嘉靖保寧府志，明嘉靖二十二年刻本。

108. 黎學錦，徐雙桂，史觀，道光保寧府志，清道光元年刻本。

109. 岳永武，鄭鍾靈，民國閬中縣志，中國地方志集成 四川府縣志輯（56）。

110. 劉元熙，李世芳，嘉慶宜賓縣志，中國方志叢書 華中地方（392）。

111. 王麟祥，邱晉成，光緒敍州府志，清光緒二十二年刻本。

112. 徐學謨，萬曆湖廣總志，明萬曆十九年刻本。

113. 薛綱，吳廷舉，嘉靖湖廣圖經志書，日本藏中國罕見地方志叢刊（21）。

114. 王庭禎，彭崧毓，同治江夏縣志，中國方志叢書 華中地方（341）。

115. 甘澤，嘉靖蘄州志，天一閣藏明代方志選刊（55）。

116. 麐音布，劉國光，光緒德安府志，中國地方志集成，湖北府縣志輯（12）。

117. 孫存修，王寵懷，嘉靖荊州府志，明嘉靖十一年刻本。

118. 張恒，天順重刊襄陽郡志，影印本，上海：上海古籍出版社，1964。

119. 吳道邇，萬曆襄陽府志，四庫全書存目叢書（史211）。

120. 陳鍔，乾隆襄陽府志，清乾隆二十五年刻本。

121. 楊宗時，崔淦，同治襄陽縣志，清同治十三年刻本。

122. 恩聯，王萬芳，光緒襄陽縣志，清光緒十一年刻本。

123. 徐一鳴，嘉靖長沙府志，稀見中國地方志彙刊（37）。

124. 呂肅高，乾隆長沙府志，中國方志叢書 華中地方（299）。

125. 劉采邦，張延珂，袁繼翰，同治長沙縣志，中國地方志集成 湖南府縣志輯（3～4）。

126. 陸柬，隆慶寶慶府志，稀見中國地方志彙刊（39）。

127. 許紹宗，鄧顯鶴，嘉慶武岡州志，稀見中國地方志彙刊（40）。

128. 嘉靖常德府志，天一閣藏明代方志選刊（56）。

129. 顧璘，吳悑，嘉靖興都志，影明內鈔本。

130. 徐階，林廉，嘉靖承天大志，明刻本。

131. 孫文龍，萬曆承天府志，日本藏中國罕見地方志叢刊。

132. 張琴，杜光德，乾隆鍾祥縣志，中國地方志集成 湖北府縣志輯（38）。

133. 孫福海，同治鍾祥縣志，中國地方志集成 湖北府縣志輯（39）。

134. 楊珮，嘉靖衡州府志，天一閣藏明代方志選刊（59）。

135. 張奇勳，周士儀，康熙衡州府志，北京圖書館古籍珍本叢刊（36）。

136. 饒佺，曠敏本，乾隆衡州府志，中國地方志集成 湖南府縣志輯（34～35）。

137. 陶易，李德，乾隆衡陽縣志，中國地方志集成 湖南府縣志輯（36）。

138. 范淶，章潢，萬曆新修南昌府志，日本藏中國罕見地方志叢刊。

139. 林庭昂，周廣，嘉靖江西通志，四庫全書存目叢書（史182～183）。

140. 楊周憲，康熙新建縣志，稀見中國地方志彙刊（25）。

141. 陳策，正德饒州府志，天一閣藏明代方志選刊續編（44）。

142. 夏良勝，正德建昌府志，天一閣藏明代方志選刊（34）。

143. 孟炤，乾隆建昌府志，中國方志叢書 華中地方（830）。

144. 曹養恒，蕭韻，康熙南城縣志，稀見中國地方志彙刊（29）。

145. 李人鏡，梅體萱，同治南城縣志，中國地方志集成 江西府縣志輯（55
～56）。

146. 王崇獻，正德宣府鎮志，正德刻本。

147. 孫世芳，欒尚約，嘉靖宣府鎮志，中國方志叢書 塞北地方（19）。

148. 王者輔，吳廷華，乾隆宣化府志，中國方志叢書 塞北地方（18）。

149. 周季鳳，正德雲南志，天一閣藏明代方志選刊續編（70～71）。

150. 鄒應龍，李元陽，隆慶雲南通志，隆慶六年修萬曆四年刻本。

151. 胡宗憲，嘉靖浙江省通志，天一閣藏明代方志選刊續編（24～26）。

152. 沈傑，弘治衢州府志，天一閣藏明代方志選刊續編（31）。

153. 符錫，秦志道，嘉靖韶州府志，嘉靖十二一年刻本。

154. 額哲克，單興詩，同治韶州府志，中國方志叢書 華中地方（2）。

155. 彭澤，弘治徽州府志，天一閣藏明代方志選刊（21～22）。

156. 程敏政，歐陽旦，弘治休寧志，北京圖書館古籍珍本叢刊（29）。

157. 王誥，劉雨，正德江寧縣志，北京圖書館古籍珍本叢刊（24）。

158. 河北省地方志編纂委員會 整理點校.〔民國〕河北通志稿，北京：北京
燕山出版社，1993。

三、今人專著

1. 韋慶遠，明代黃冊制度，北京：中華書局，1961。

2. 吳晗，明史簡述，北京：中華書局，1980。

3. 錢穆，中國歷代政治得失，北京：生活·讀書·新知三聯書店，2001。

4. 孟森，明清史講義，北京：中華書局，1981。

5. 孟森，明史講義，北京：中華書局，2006。

6. 曹婉如等編，中國古代地圖集（明代），北京：文物出版社，1995。

7. 曹婉如等編，中國古代地圖集（清代），北京：文物出版社，1997。

8. 《中國建築史》編寫組，中國建築史，北京：中國建築工業出版社，1983。

9. 楊雪峰，明代的審判制度，臺北：黎明文化公司，1981。

10. 梁方仲，明代糧長制度，上海：上海人民出版社，2001。

11. 陳正祥，中國文化地理，北京：三聯書店，1983。

12. 董鑒泓主編，中國城市建設史，北京：中國建築工業出版社，1982 年第一版；1989 年第二版；2004 年第三版，修訂版。

13. 董鑒泓主編，中國古代城市建設，北京：中國建築工業出版社，1988。

14. 董鑒泓主編，中國古代城市二十講，北京：中國建築工業出版社，2009。

15. 楊寬，中國古代都城制度史研究，上海：上海古籍出版社，1993。

16. 楊寬，中國古代都城制度史研究，上海：上海人民出版社，2003。

17. 葛兆光，思想史的寫法——中國思想史導論，上海：復旦大學出版社，2004。

18. 潘谷西，中國古代建築史（第四卷：元明建築），北京：中國建築工業出版社，2001。

19. 郭湖生，中華古都：中國古代城市史論文集（增訂再版），臺北：空間出版社，2003。

20. 賀業鉅，考工記營國制度研究，北京：中國建築工業出版社，1985。

21. 賀業鉅，中國古代城市規劃史論叢，北京：中國建築工業出版社，1986。

22. 賀業鉅，中國古代城市規劃史，北京：中國建築工業出版社，1996。

23. 傅熹年，傅熹年建築史論文集，北京：文物出版社，1998。

24. 傅熹年，中國古代城市規劃建築群布局及建築設計方法研究，北京：中國建築工業出版社，2001。

25. 傅衣凌，楊國楨，陳支平，明史新編，北京：人民出版社，1993。

26. 郭黛姮，中國古代建築史（第三卷：宋、遼、金、西夏建築），北京：中國建築工業出版社，2003。

27. 吳慶洲，中國古代城市防洪研究，北京：中國建築工業出版社，1995。

28. 嚴耕望，中國地方行政制度史·魏晉南北朝地方行政制度，臺北：學生書局，1997。

29. 郭華瑜，明代官式建築大木作，南京：東南大學出版社，2005。

30. 韓大成，明代城市研究，北京：中國人民大學出版社，1991。

31. 王天有，明代國家機構研究，北京：北京大學出版社，1992。

32. 孫遜，楊劍龍主編，都市、帝國與先知，上海：上海三聯書店，2006。

33. 黃仁宇，明代的漕運，張皓，張昇譯 北京：新星出版社，2005。

34. 張仲禮，中國紳士——關於其在 19 世紀中國社會中作用的研究，李榮昌譯，上海：上海社會科學院出版社，1991。

35. 張仲禮，中國紳士的收入——《中國紳士》續篇，費成康，王寅通譯，上海：上海社會科學院出版社，2001。

36. 楊聯陞，國史探微，北京：新星出版社，2005。

37. 侯仁之，北京城市歷史地理，北京：北京燕山出版社，2000。

38. 陳橋驛主編，中國運河開發史，北京：中華書局，2008。

39. 黃仁宇，萬曆十五年，北京：三聯書店，1997。

40. 黃雲眉，明史考證，北京：中華書局，1979。

41. 李燮平，明代北京都城營建叢考，北京：紫禁城出版社，2006。

42. 李治安，行省制度研究，天津：南開大學出版社，2000。

43. 北京市東城區園林局，北京市檔案館編，北京地壇史料，北京：北京燕山出版社，1998。

44. 王仲奮編著，地壇史略，北京：北京燕山出版社，1998。

45. 天壇公園管理處編，天壇公園志，北京：中國林業出版社，2002。

46. 劉毅，明代帝王陵墓制度研究，北京：人民出版社，2006。

47. 趙克生，明朝嘉靖時期國家祭禮改制，北京：社會科學文獻出版社，2006。

48. 呂思勉，中國制度史，上海：上海世紀出版集團，2005。

49. 馬正林，中國城市歷史地理，濟南：山東教育出版社，1998。

50. 莊林德，張京祥編著，中國城市發展與建設史，南京：東南大學出版社，2002。

51. 南京工學院建築系，曲阜文物管理委員會，曲阜孔廟建築，北京：中國建築工業出版社，1987。

52. 讓・德・米里拜爾，明代地方官吏及文官制度——關於陝西和西安府的研究，西安：陝西人民出版社，1994。

53. 施堅雅，中國封建社會晚期城市研究——施堅雅模式，王旭等，譯，長春：吉林教育出版社，1991。

54. 四川省文史館，成都城坊古蹟考，成都：四川人民出版社，1987。

55. 彭勇，明代班軍制度研究：以京操班軍為中心，北京：中央民族大學出版社，2006。

56. 湯綱，南炳文，明史，上海：上海人民出版社，1985。

57. 王劍英，明中都，北京：中華書局，1992。

58. 王劍英，明中都研究，北京：中國青年出版社，2005。

59. 王毓銓，萊蕪集，北京：中華書局，1983。

60. 武伯綸，西安歷史述略，西安：陝西人民出版社，1984。

61. 蕭默，中國建築藝術史，北京：文物出版社，1999。

62. 張錫昌編著，中國城市老地圖，上海 ：上海辭書出版社，2004。

63. 張子模，明代藩封及靖江王史料萃編，桂林：廣西師範大學出版社，1994。

64. 朱偰，明清兩代宮苑建置沿革圖考，北京：北京古籍出版社，1990。

65. 張仲禮主編，近代上海城市研究，上海：上海人民出版社，1900。

66. 王培華，元明北京建都與糧食供應：略論元明人們的認識和實踐，北京：文津出版社，2005。

67. 成一農，古代城市形態研究方法新探，北京：社會科學文獻出版社，2009。

68. 孫遜主編，都市文化研究（第一輯），都市文化史 ：回顧與展望，上海：上海三聯書店，2005。

69. 卜正民，縱樂的困惑——明代的商業與文化，北京：生活‧讀書‧新知三聯書店，2004。

70. 鄭連第，古代城市水利，北京：水利電力出版社，1985。

71. 汪德華編著，中國古代城市規劃文化思想，北京：中國城市出版社，1997。

72. 王其亨主編，風水理論研究，天津：天津大學出版社，1992。

73. 王其亨主編，中國建築藝術全集編輯委員會編，中國建築藝術全集第 7卷《明代陵墓建築》，北京：中國建築工業出版社，2000。

74. 王其亨主編，中國建築藝術全集編輯委員會編，中國建築藝術全集第 8卷《清代陵墓建築》，北京：中國建築工業出版社，2003。

75. 傅崇蘭、白晨曦、曹文明等，中國城市發展史，北京：社會科學文獻出版社，2009。

76. 唐振常主編，上海史，上海：上海人民出版社，1989。

77. 羅澍偉主編，近代天津城市史，北京：中國社會科學出版社，1993。

78. 隗瀛濤主編，近代重慶城市史，成都：四川大學出版社，1991。

79. 皮明麻主編，近代武漢城市史，北京：中國社會科學出版社，1993。

80. 徐亦農，時空經緯中的中國城市：蘇州城市形態的發展，檀香山：夏威夷大學出版社，2000。

81. 何一民，中國城市史綱，成都：四川大學出版社，1994。

82. 傅崇蘭，中國運河城市發展史，成都：四川人民出版社，1985。

83. 何朝暉，明代縣政研究，北京：北京大學出版社，2006。

84. 《北京先農壇史料選編》編纂組，北京先農壇史料選編〔M〕，北京：學院出版社，2007。

85. 劉景純，城鎮景觀與文化：清代黃土高原地區城鎮文化的地理學考察，

北京：中國社會科學出版社，2008。

86. 韓東洙，初探中韓兩國古代建築文化的比較與交流：以 14 世紀至 19 世紀爲主〔博士學位論文〕，北京：清華大學建築學院，1997。

87. 李志榮，元明清華北華中地方衙署個案研究〔博士學位論文〕.北京：北京大學考古文博學院，2004。

88. 歐陽恬之，隋唐兩京里坊「割宅」制度及宅基地分配方法研究〔碩士學位論文〕，北京：清華大學建築學院，2005。

89. 王正武，《乾隆京城全圖》中王府的規模與布局研究〔碩士學位論文〕，北京：清華大學建築學院，2006。

90. 項琳斐，《乾隆京城全圖》中寺觀廟宇的用地規模與建築布局研究〔碩士學位論文〕，北京：清華大學建築學院，2006，。

91. 李菁，《乾隆京城全圖》之合院建築與城市肌理研究〔碩士學位論文〕，北京：清華大學建築學院，2006。

92. 胡介中，清代北京城內衙署建築之規模與空間布局探索〔碩士學位論文〕，北京：清華大學建築學院，2007。

93. 史韶華，明代南京佛寺基址規模與建築布局研究〔碩士學位論文〕，北京：清華大學建築學院，2007。

94. 姜東成，元大都城市形態與建築群基址規模研究〔博士學位論文〕，北京：清華大學建築學院，2007。

95. 白穎，明代王府建築制度研究〔博士學位論文〕，北京：清華大學建築學院，2007。

96. 李德華，明代山東城市平面形態與建築規制研究〔碩士學位論文〕，北京：清華大學建築學院，2008。

97. 林哲，明代王府形制與桂林靖江王府研究〔博士學位論文〕，廣州：華南理工大學建築學院，2005。

98. 蓋中武，明太祖禮治思想探析〔碩士學位論文〕，北京：北京語言大學，2004。

99. 張弓，中國古代城市設計山水限定因素考量：以承德、南京爲例〔碩士學位論文〕，北京：清華大學建築學院，2006。

100. 張傳勇，明清城隍廟建置考，南開大學歷史學院〔碩士學位論文〕，2003年。

101. 鄭土有，劉巧林，護城興市——城隍廟信仰的人類學考察〔M〕，上海：上海辭書出版社，2005。

102. 新文豐出版公司編輯部，石刻史料新編，臺北：新文豐出版股份有限公司，2006。

四、期刊論文

1. 梁思成，曲阜孔廟之建築及其修葺計劃。《中國營造學社彙刊》第六卷第一期，1935：5～162。

2. 〔美〕愛德華‧L‧法默爾（Edward L . Farmer），明王朝初期（1350～1425）的政體發展。明清史國際學術討論會秘書處論文組，明清史國際學術討論會論文集，天津：天津人民出版社，1982：16～44。

3. 〔美〕范德（Edward L . Farmer），圖繪明代中國：明代地方志插圖研究，吳莉葦譯。張國剛主編，中國社會歷史評論（第 2 卷），天津：天津古籍出版社，2000：1～11。

4. 顧頡剛，周室的封建及其屬邦。顧頡剛，顧頡剛古史論文集，第二冊，北京：中華書局，1988：329～331。

5. 顧誠，明代的宗室。明清史國際學術討論會秘書處論文組，明清史國際學術討論會論文集，天津：天津人民出版社，1982：89～111。

6. 單士元，明代營造史料‧明王府制度，營造學社彙刊，1934，4（3，4）：259～269。

7. 單士元，明代營造史料，營造學社彙刊，1934，5（2）：116～126。

8. 單士元，故宮南三所考。于倬雲，紫禁城建築研究與保護：故宮博物院建院 70 週年回顧，北京：紫禁城出版社，1995：128～131。

9. 潘谷西、陳薇，明代南京宮殿與北京宮殿的形制關係。單士元、于倬雲主編，中國紫禁城學會論文集（第一輯），北京：紫禁城出版社，1997：85～92。

10. 郭湖生，子城制度──中國城市史專題研究之一，載於：京都大學人文科學研究所編，《東方學報》第五十七冊，1985：665～683。

11. 王貴祥，「五畝之宅」與「十家之坊」及古代園宅、里坊制度探。賈珺主編，建築史（第 21 輯），北京：清華大學出版社，2005：144～156。

12. 王貴祥，關於中國古代宮殿建築群基址規模問題的探討，故宮博物院院刊，2005（5）：46～85。

13. 王貴祥，明代城池的規模與等級制度探討。賈珺主編.建築史（第 24 輯），北京：清華大學出版社，2009：86～104。

14. 王貴祥，明代建城運動概說。王貴祥主編，中國建築史論彙刊（第壹輯），北京：清華大學出版社，2009：139～174。

15. 陳薇，天朝的南端──嘉靖三十二年（1553 年）前後北京外城商業活動與城市格局，建築師，2007（3）：57～68。

16. 魯西奇，山城及其河街：明清時期鄖陽府、縣城的形態與空間結構。陝西師範大學西北歷史環境與經濟社會發展研究中心編，歷史環境與文明

演進——2004 年歷史地理國際學術研討會論文集，北京：商務印書館，
2005：538～559。

17. 成一農，宋、元及明代前中期城市城牆政策的演變及其原因。中村圭爾，
    辛德勇編，中日古代城市研究，北京：中國社會科學出版社，2004：145
    ～183。

18. 常建華，明代宗族祠廟祭祖禮制及其演變，南開學報（哲學社會科學版）
    2001（03）：60～67。

19. 陳仲篪，識小錄，營造學社彙刊，1935，6（2）：158～166。

20. 王柏中，明嘉靖年間的廟制變革問題試探〔J〕，社會科學戰線，2001（02）：
    141～145。

21. 姜舜源，元明之際北京宮殿沿革考，故宮博物院院刊，1991（4）：88～
    94。

22. 雷玉華，唐宋明清時期的成都城垣考，四川文物，1998（1）：67～71。

23. 李志榮，内鄉縣衙建置沿革與現存遺跡考，中原文物，2006（1）：77～
    87。

24. 林哲，桂林獨秀峰山前城市形態空間歷史演變，桂林工學院學報，2004，
    24（2）：159～164。

25. 胡凡，儒教與明初宮廷祭祀禮制〔J〕，齊魯學刊，1999（6）：42～49。

26. 劉琳，成都城池變遷史考述，四川大學學報：哲學社會科學版，1978（2）：
    78～84。

27. 馬炳堅，明清官式木構的若干區別（上、中），古建園林技術，1992（2，
    3）：61～64，59～64。

28. 歐志培，北京故宮始建於明永樂十五年，故宮博物院院刊，1981（2）：
    69～72。

29. 潘傑夫，張家芳，襄陽城中的明代綠影壁，文物天地，1990（2）：7～9。

30. 李孝聰，唐、宋運河城市城址選擇和形態的研究。《環境變遷研究》第四
    輯，北京：北京古籍出版社，1993：153。

31. 祁英濤，北京明代殿式木結構建築構架形制初探。中國文物研究所，祁
    英濤古建論文集，北京：華夏出版社，1992：325～341。

32. 陝西省考古研究所北門考古隊，明秦王府北門勘查記，考古與文物，2000
    （2）：17～21。

33. 尚民傑，明西安府城增築年代考，文博，2001（1）：38～44。

34. 史紅帥，吳宏歧，明代西安城内皇室宗族府宅相關問題研究，中國歷史
    地理論叢，2001（3）：69～78。

35. 孫英剛，隋唐長安的王府與王宅。容新江，唐研究，第九卷，北京：北

京大學出版社，2003：185～214。

36. 滕新才，明朝中後期居室文化初探。陳支平，第九屆明史國際學術討論會暨傅衣凌教授誕辰九十週年紀念論文集，廈門：廈門大學出版社，2003：95～103。

37. 萬依，論朱棣營建北京宮殿、遷都的主要動機及後果，故宮博物院院刊，1990（3）：31～36。

38. 王劍英，明初營建北京始於永樂十五年六月考。北京史研究會，北京史論文集（第一輯），1980：121～128。

39. 王劍英，燕王府即元故宮舊內考。北京史研究會，北京史論文集（第 2 輯），1982：185～194。

40. 王劍英，王紅，論從元大都到明北京宮闕的演變。單士元、于倬雲，中國紫禁城學會論文集（第一輯），北京：紫禁城出版社，1997：93～103。

41. 王金岩，梁江，明初兗州府城形態擴展及魯王城規劃分析——兼論藩王城規劃，規劃師，2007（1）：74～77。

42. 王璞子，燕王府與紫禁城，故宮博物院院刊，1979（1）：70～77。

43. 王其明，中國王府建築述略——明清王府建築研究有待開展，古建園林技術，2005（1）：6～8。

44. 王樹聲，明初西安城市格局的演進及其規劃手法探析，城市規劃彙刊，2004（5）：85～88。

45. 吳承越，劉大可，明代王府述略，古建園林技術，1996（4）：16～21。

46. 吳晗，明代靖難之役與國都北遷，清華學報，1935，10（4）：917～939。

47. 謝元魯，宋代成都經濟特點試探，中國社會經濟史研究，1983（3）：55～63，118。

48. 辛德勇，有關唐末至明初西安城的幾個基本問題。辛德勇，古代交通與地理文獻研究，北京：中華書局，1996：200～206。

49. 張德信，明代諸王分封制度述論，歷史研究，1985（2）：76～90。

50. 張德信，明代宗室人口俸祿及對社會經濟的影響，東嶽論叢，1988（1）：77～82。

51. 趙全鵬，明代宗藩對社會經濟的影響，河南師範大學學報：哲學社會科學版，1994（5）：47～50。

52. 趙毅，明代宗室政策初探，東北師大學報：哲學社會科學版，1988（1）：53～58。

53. 諸葛淨，嘉靖朝之制禮作樂。張復合，建築史論文集（第 16 輯），北京：清華大學出版社，2002：115～132。

五、外文文獻

（一）法國

1. 菲斯泰爾・德・古朗士著，古代城市：希臘羅馬宗教、法律及制度研究，上海：上海人民出版社，2006.8。

2. 布羅代爾，十五至十八世紀的物質文明、經濟與資本主義，顧良譯，施康強校，北京：三聯書店，1992。

3. 伊夫・格拉夫梅耶爾（Yves Grafmeyer），城市社會學，徐偉民譯，天津：天津人民出版社，2005。

（二）英國

1. 史蒂文・蒂耶斯德爾，蒂姆・希思，（土）塔內爾・厄奇著，城市歷史街區的復興，張玫英，董衛譯，北京：中國建築工業出版社，2006。

2. 〔美〕牟復禮，〔英〕崔瑞德編，劍橋中國明代史，張書生，黃沫，楊品泉等，譯，北京：中國社會科學出版社，1992。

（三）美國

1. 卡爾・A・魏特夫（Karl A. Wittfogel）著，東方專制主義——對於極權力量的比較研究，徐式谷等譯，北京：中國社會科學出版社，1989。

2. 施堅雅，中華帝國晚期的城市，葉光庭等，譯，北京：中華書局，2000。

3. 斯皮羅・科斯托夫（Spiro Kostof），城市的形成——歷史進程中的城市模式和城市意義，單皓譯，北京：中國建築工業出版社，2005。

4. 劉易斯・芒福德（Lewis Mumford），城市發展史——起源、演變和前景，宋俊嶺，倪文彥譯，北京：中國建築工業出版社，2005。

5. 賈志揚（John W.Chaffee）著，天潢貴胄：宋代宗室史，趙冬梅，譯，南京：江蘇人民出版社，2005。

（四）意大利

1. 利類思著，安文思傳略，〔葡〕安文思，中國新史，何高濟，李申譯，鄭州：大象出版社，2004。

2. 馬可・波羅，馬可波羅行記，〔法〕沙海昂注，馮承鈞譯，北京：中華書局，2004。

3. 貝納沃羅（Benevolo，Leonardo），世界城市史，薛鍾靈等譯，北京：科學出版社，2000。

（五）日本

1. 和田清編著，明史食貨志譯注，東京：汲古書院，1957。

2. 加藤繁，中國經濟史考證，吳傑譯，北京：商務印書館，1959。

3. 山根幸夫，明代徭役制度の展開，東京：東京女子大學，1966。

4. 斯波義信，宋代江南經濟史研究，方鍵，何忠禮譯，南京：江蘇人民出版社，2001。

5. 小島毅，郊祀制度の變遷，《東洋文化研究所紀要》第 108 冊，東京大學東洋文化研究所，1989 年。

6. 〔日〕山內弘一，北宋時代の郊祀〔J〕，史學雜誌，第 92 卷，1983（01）：40～66。

（六）德國

1. 馬克斯・韋伯（Max Weber），儒教與道教，王容芬譯，北京：商務印書館，1995。

（七）瑞典

1. （瑞典）喜仁龍，北京的城牆和城門（The Walls and Gates of Peking），許永全譯，北京：北京燕山出版社，1985。

附錄 A：明代北直隸地方志城池史料

廣平府

廣平府其地，則漳河間一都會（《史記》），北通燕涿南有鄭衛（《圖經》），萬山盤礴泉流環匯（《一統志》），肘翼太行，背沃名水。其城父老相傳夏王竇建德所築舊基（按綱目注曰竇建德據廣平郡。《資治通鑒》曰：唐武德二年，竇建德取唐邢洺相川，是年冬，還洺州。築宮徒都之），嗣後徒築無考。

我朝正統間，兵部侍郎王偉以憲臣分守廣平，時曾補築。成化丙戌（1466年），知府熊懷重修，城周六里三百四十步。嘉靖二十一年，陳俎因北虜猖獗，諭士民尚義者，輸磚石以砌之，周圍九里十三步、高三丈五尺，闊二丈五尺，上建城樓四座、角樓四座、鋪舍二十六座，每座三間，以便戍守，內置甬道一十九條，繞以門垣以便登赴；濠池舊深一丈闊十二丈，有池無水。成化二十年（1484年），知府李公引水灌池種蓮；其後知府張羽李騰宵屢濬蓮葦益番，至是濬益深闊。是役也，俎首出俸以倡之舉甚勇，決是以財裕費工不夫役，論者咸偉其功焉。其城四門，東通齊、西連晉、北屏京、南帶河，城內舊街十六、新街二十三。

幽州之南為洺，今廣平郡也。其入職方，則洪武改元之初。而列之封畿，則永樂六年也。

國家承平百餘年，散者欲聚，隘者欲關矣。廼者郡守蔣子原學以秋官即來知是郡，一日登城謂其僚曰，曠城邑而不修陋制也，莘道途而不治廢政也，吾將斥營之。營表即立，規畫有方，民競於卜而奠厥宅里，連庶吉士礦為之次，其治狀請記於余。余索其圖觀之，城之南為街曰興行，轉而東則曰遵道曰懷仁曰近賢；城之東為街曰遵義，轉而北則曰太和曰懷德曰時雍；城之西為街曰化德，轉而南則曰存信曰睦親曰敦俗；城之北為街曰聞樂，由是以西則曰尚禮曰禮讓曰太平曰返樸曰新興曰勸善。城之四隅為街，亦各四皆以角

名從方言也。舊街自承宣牧民之外，九十有六盡易以嘉名。蔣子慮以仁斷以義興，不費之惠，舉不勞之役，後之人永芘而休焉。以世載其德而歌其功，必將與茲壤俱敝矣，是以記之。

——（明嘉靖庚戌年）廣平府志（十六卷），（明）翁相修，（明）陳棐纂，明嘉靖二十九年（庚戌 1550 年）刻本，《天一閣藏明代地方志選刊》，上海：上海古籍書店影印，1963 年，pp6～8。

曲周其地四野平坦土地沃饒（《舊志》），其邑原無城廓，至我朝成化四年（1468 年），命下俾京畿近地郡縣之無城郭者宜增築之。於時知縣王佐迺庀工修築，記城周圍五里十三步，高三丈四尺闊九尺，濠池闊二丈深一丈餘。春芳童緣記。

節文曰，成化四年（1468 年）四月十有五日，曲周縣新築城成。按圖曲周廣平屬邑本漢舊縣地，後魏改曲安縣，唐置為曲周，宋熙寧中省入雞澤縣，元祐中復置。元及國朝皆因之。曲周舊無城廓，邇者王君來宰是邑，將有事於興築焉。適朝廷命：下俾京畿近地郡縣之無城郭者宜增築之。於是君志益堅，乃庀工，於是年三月十五日，民皆趨事赴工而為之役，不逾月而告成。建門四，皆以鐵為之，其上各架樓三楹為飛觀以謹候望，城之外有滏河，去縣治四百步許，源出河南磁州西山流經廣平四縣界，下入洺河。車騎往來，渡以方舟，行者病之。君復慨然為己責，乃為興梁，旬日而落成，人皆利於涉此。皆王君躬勞率下悅以使人量功日可謂難能矣。君名佐字，良輔雲中故靖遠伯之裔孫，宰深澤復任是邑方三載，而其政效之著已如此是皆可喜。

嘉靖以來，知縣丁鉞張鵬翼俱重修牛斗始引滏水入濠，二十二年（1543 年），推官羅鼐始砌磚垛，其城有四門，東曰崇化南曰景盛西曰永安北曰拱辰。〔註1〕

雞澤縣其地漳河東環，沙洺西繞（《舊志》）。其城隋唐以來徙置不一，金天會中寄治於北抬頭村，大定元年（1161 年）始築縣城即今治。

國初以來，城垣低薄，弘治末年（1505 年）知縣邵錦修葺，正德初，流賊之亂賴以保障。土城周圍五里，高一丈五尺闊一丈三尺，樓四座俱各三間，嘉靖十一年（1532 年），知縣周文定重建南北二樓，南曰迎薰北曰拱極。樂清侯廷訓有記。

〔註 1〕（明）翁相修，（明）陳棐纂，（明嘉靖庚戌年）廣平府志（十六卷），卷一·封域志明嘉靖二十九年（庚戌 1550 年）刻本，《天一閣藏明代地方志選刊》，上海：上海古籍書店影印，1963：9～10。

日渚沁，水東趨數十里抵縣城始折而北，每秋雨暴至勢極湍悍，城輒壞，民
弗堪其勞。無錫華君來知府事，以爲河流不改則終無善策，相地勢溯流而上
可一里許改河故道，避城而北以入於漳。畫地記功分職領役，凡爲新河七百
二十丈深丈有八尺闊十丈五尺，障以長堤高厚各三丈，受水之處甃石百丈有
奇，貫以鐵定關鍵旁午，沿堤植柳萬餘，根節交錯峙爲崇立牢不可動。城故
爲水齧者即加築三面，卑薄者則增之，樓櫓鋪舍百廢並舉，水患既息城亦永
奠。經始於正德甲戌（1514 年）三月至丙子（1516 年）十月而成。至嘉靖二
十四年（1545 年），知縣董威復加濬築，周圍廣八里高三丈闊三丈收頂一丈五
尺，增磚垛墩臺鋪舍二十五座，弔橋門樓各一座濠闊七丈深一丈五尺，堤闊
四丈。編修袁煒有記。邯鄲古趙都史稱漳河間都會，蓋北通燕涿南有鄭衛，
厥地爲民人所陳據云：國初仍漢制邑，其地隸廣平。正德辛未（1511 年）薊
盜內虹流劫，郡邑守土者懼乃城，時役興於猝，城靡克堅，已霖潦相蝕，旋
虗虗然圮夷。迄嘉靖己亥（1539 年）北虜頻寇，關輔戒嚴，有司稍因警繕茸
增卑倍薄然於緩急卒無恃焉。歲乙巳（1545 年）之春，中丞蘇公祐持節鉞撫
畿服，檄守令悉心墉墊以完境土。時邯鄲令董君威以調繁至自魏，初閱城歎
曰：清風至而城郭不修，入其郭者可以觀政矣，顧民未狎化，罔亟茲後。適
是歲夏月，侍御裴公紳奉命大巡茲土，乃觀民省方鼇敝樹庸，歷邯鄲行城履
隍，垣齧池闕雉堞蘇泐樓櫓苦窳，乃愕然曰：是邑要燕趙之道，寔京師鎖鑰
地也，即崇城嚴扉猶虞孔棘，矧茲弗戢，奚以奠民而捍，不若邪逐以厥役屬
諸令，令只承唯謹，乃以公命諗於郡守唐君曜。唐君曰：城邯鄲以善後亦吾
志也，然吾聞之，舉動眾之事者，任贅民之怨，綏永孚之休者，負遺俗之累，
是役也淑其初終登，降其利害余與若有弘責焉。乃偕通判田君雲，詣邯鄲城
環視之，量閒綑佽厚薄程土飭材綜畫區明，以邯鄲積寡而力徵，恐匱厥役，
乃出郡帑金三百，募他郡壯卒三千人以資之，議成條上巡撫，具報可令下。
董君彈力任之，於是率主簿李霖、典史齊宗、儒申徼，諏吉經費節力獎勤黜
惰，大持小維植表作旗，群肅競奮，經始於乙巳（1545 年）之季秋，越明年
丙午（1546 年）三月竣事，蓋浹六月而城成矣。城周八里基厚三丈高如之顛
半之，築敵臺二十有五，立鋪舍三楹，甓甃女牆千五百八十有九，四隅各構
危櫓，四門各券層，城東曰瞻岱西曰環沁南曰帶河北曰拱極，環城有池、護
城有堰，遠而望之，飛樓翬赫粉堞炳燦，堅者屹屹深者蕚蕚，斷岸峭如長雲
矗，如迫而察之，金椎石壁鐵扇銅樞，虹梁盰衡隍塹縈紆，登而眺之，嵩行

翅險清漳奪色，俯而矚之，廨宇比齊庾庫充實，旌棨金革周盧警嚴，蓋足以城民威暴壯氣裏武，內境恃以無恐，而外寇莫敢窺伺矣，於是邯鄲之士民胥慶。僉謂宜伐石樹碑紀其功，實以垂示永永。

成安縣其地四野平坦（《舊志》）。土城一座，周圍四里二百四十步高三丈闊一丈七尺，濠池深一丈餘，城門舊止三門而北無門。知縣劉堯始闢小東門名爲廣居，三門之名猶缺焉，至知縣趙士元始名於碑，東曰善政南曰迎薰西曰輔治。

威縣其地勢坦夷四顧平曠（《舊志》）。茂林散佈於西北，沙河汹湧於東南（《圖經》）。其城舊宗城地，宋元祐宗城縣在雉川村，崇寧四年（1105 年）遷邵固隸大名府。金泰和間（1201～1208 年）改宗城爲洺水縣，元徙威州於洺水。我朝降州爲縣，俱即今治。洪武初因承州制，墉郭基址頗宏遠。成化弘治年間，知縣王政姜文魁嘗重修之。倫彝有記。略曰：正德改元，季夏江右姜君文魁由進士任斯邑，適巡撫都臺韓公移檄郡縣修飭城池，姜君捧檄喜動顏色，遂以修理爲任，於是鳩材庀工，首自城樓，其椽棟之朽蠹者易而新之，磚瓦之剝落者砌而覆之，次及周圍城牆崩頹者培而築之，高者則削治之；城堞之間又加堊土以塗之，又構城鋪一十二間，砌以磚而爲戍者，所棲其新造城門裏之以鐵而期堅久；各門之外設品字門以衛居民，立十字道以通行旅，內治水道以磚以石，外治池隍以濬以深，南北東三門外皆有居民環衛，又有關外防閒，規制嚴審，惟西門密邇縣治與三門不稱，即褭民聯居置關而與各門稱美。姜君拜命榮升大理寺評事，修城之舉不可泯，當有記第，余不腆之文不足以記，姑書此塞責。至正德九年（1514 年），知縣崔節修築，高三丈三尺闊三丈五尺，周圍六里六十四步，起城樓敵臺腰鋪。是後知縣錢術胡容俱增修飭，門額東迎和南迎薰西迎成北迎恩。

清河縣其地西望緜堤東臨御河，原隰平夷（《舊志》）。其治舊有土城，周圍九里高二丈闊二丈，濠池平淺。宋元祐六年（1091 年）監官趙薦之修，歲又崩圮。正德七年（1512 年）本府同知何棠、知縣張一鵬奉命改建，仍因舊跡於城之東南隅立三門，今因之，東曰寅賓南曰南薰西曰西城，池環繞於城之四圍，外邏護城堤，本府推官王堯日曾加濬鑿，置弔橋一座於南門之外。

資料來源：（明）翁相修，（明）陳棐纂，（明嘉靖庚戌年）廣平府志（十六卷），卷一·封域志明嘉靖二十九年（庚戌 1550 年）刻本，《天一閣藏明代地方志選刊》，上海：上海古籍書店影印，1963 年，pp11～24。

附錄 B：明代北直隸廟學的修建

資料來源：《明一統志》、《畿輔通志》、嘉靖《眞定府志》、嘉靖《河間府志》、嘉靖《河間府志》、弘治《永平府志》萬曆《永平府志》、《圖書集成職方典》《日下舊聞考》

一、創建實例

洪武元年

1. 大名府長垣縣學　卷四：長垣縣學在縣治西，洪武元年建。

2. 順天府大興縣學　《畿輔通志》卷二十八第 3 頁：明洪武初以元大和觀地爲大興縣學，國子監爲府學。《日下舊聞考》六五引《芳洲集》，北京古籍出版社，第 1081～1082 頁：《重修順天府學記》學在今府治東南教忠坊，初元太和觀也。洪武元年，以觀爲大興縣學。永樂元年，升北平府爲順天府，則大興儒學例不得設矣，遂以爲府學。九年，同知甄儀建明倫堂東西齋食，十二年府尹張貫建大成殿，又建學舍於明倫堂後，歲久頹毀，寧陽王賢來爲府尹，顧其舊址多爲軍民所侵，乃謀於府丞番陽王弼、治中長沙易斌、通判寧海楊轅、推官安陸彭理，相請復其地。既得請，遂撤故新之，爲大成殿，翼以兩廡，前爲朝門，以祠先師先賢。因舊爲廟以祠宋丞相信國文公，爲六齋於明倫堂東西，附以棲生之舍，會饌有堂，有廚有庫而蔽之重門焉。

   明洪武初年，此地爲大興縣學。明永樂元年（1403 年），升北平爲順天府，設國子監於京都，此處不得再設縣學，故改成順天府學，宛平縣學也同時取消。

   順天府學《明一統志》卷一，第 24 頁：順天府學在府東南，洪武初建，爲大興縣學，永樂初以爲府學，正統十一年重修。

3. 河間府滄州學　嘉靖《河間府志》卷五《宮室志·學校》第 25 頁：滄州儒學在治西南，洪武元年判官紀惟創建，宣德六年知州上官儀重修。《明一統志》卷二第 40 頁：滄州學在州治東南，洪武初建，正統八年重修。

—273—

洪武二年

1. 保定府祁州學　卷二：祁州學在州治東，洪武二年建。

2. 保定府博野縣學　卷二：博野縣學在縣治東，洪武二年建。

3. 永平府盧龍縣學　卷五：盧龍縣學在府城東南，洪武二年建。《大清一統志》卷十三第 6 頁：盧龍縣學在縣治南，明洪武二年建

4. 永平府遷安縣學　卷五：遷安縣學在縣治東南，洪武二年建。

5. 眞定府柏鄉縣學《明一統志》卷三第 15 頁：柏鄉縣學在縣治東，舊在縣治東南，洪武間始遷於此。《畿輔通志》卷二十八第 67 頁：柏鄉縣學舊在縣治東南，元至元壬辰縣尹劉世英建，至治癸酉主簿賀良佐重修，明洪武二年知縣何禮遷建於城北。

洪武三年

1. 保定府完縣學　卷二：完縣學在縣治東，洪武三年建，永樂三年重修。

2. 順德府邢臺縣學　卷四：邢臺縣學在縣治東南，洪武三年建。《四庫全書》「邢臺儒學記」

3. 順天府固安縣學　卷一：固安縣學在縣治東，洪武三年建，八年增修。

4. 順天府霸州學　卷一：霸州學在州治東，洪武三年建，正統五年重修。

5. 保定府安肅縣學　卷二：安肅縣學在縣治東南，洪武三年建，永樂三年重修。

6. 保定府束鹿縣學　卷二：束鹿縣學在縣治東，洪武三年建，永樂八年重修。

7. 眞定府阜平縣學　卷三：阜平縣學在縣治西，洪武三年建。

8. 眞定府平山縣學　卷三：平山縣學在縣治西南，洪武三年建，正統八年重修。

9. 順德府內丘縣學　卷四：內丘縣學在縣治北，洪武三年建，永樂二年重修。

10. 廣平府廣平縣學　卷四：在縣治東，廣平縣學洪武三年建，永樂二年重修。

11. 大名府南樂縣學　卷四：南樂縣學在縣治東南，洪武三年建，永樂五年修。

12. 大名府魏縣學　卷四：魏縣學在縣治東，洪武三年建，永樂五年修。

13. 大名府浚縣學　卷四：浚縣學在縣治東，洪武三年建，景泰元年修。

14. 大名府大名縣學　卷四：大名縣學在縣治西南，洪武三年建。

15. 廣平府成安縣學　卷四：成安縣學在縣治東南，元建，本朝洪武三年重建，正統十一年重修。

16. 河間府寧津縣學　嘉靖《河間府志》卷五《宮室志・學校》第 15 頁：寧津縣儒學在縣治西南……洪武初知縣朱逢吉重建，景泰三年重修。《明一統志》卷二第 40 頁：寧津縣學在縣治西南，洪武初建，景泰三年重修。《畿輔通志》卷二十八第 36 頁：寧津縣學在縣治南，元至大二年河間路

寧津漫散戶長官李進創建，明洪武三年知縣朱逢吉重建。

17. 順德府任縣學　卷四：任縣學在縣治東，洪武三年建。

洪武四年

1. 永平府灤州學　卷五：灤州學在州治西，洪武四年建。

2. 河間府慶雲縣學　嘉靖《河間府志》卷五《宮室志·學校》第 27 頁：慶雲縣儒學在縣治東南，洪武四年建，永樂中縣丞石璞修葺。《明一統志》卷二第 40 頁：慶雲縣學在縣治東南，洪武初建，景泰二年重修。

3. 河間府東光縣學　嘉靖《河間府志》卷五《宮室志·學校》第 23 頁：東光縣儒學在縣治西，洪武四年典史李從道建，七年併入阜城縣，十四年復置，知縣祝仲重建。《明一統志》卷二第 40 頁：東光縣學在縣治西北，洪武初建，景泰二年重修。

洪武五年

1. 順天府東安縣學《明一統志》卷一：在縣治西，洪武五年建。（注意：改建條目東安縣學有重複）

2. 順天府良鄉縣學　卷一：良鄉縣學在縣治東南，洪武五年建。

3. 河間府故城縣學　嘉靖《河間府志》卷五《宮室志·學校》第 24 頁：故城縣儒學在縣東北，洪武五年知縣薛庸、訓導王哲創立，永樂二年訓導蘇潤增飾。《明一統志》卷二：故城縣學在縣治東北，洪武初建，正統十一年重修。清文淵閣《四庫全書》版《大清一統志》（卷十五第 9 頁）故城縣學在縣治東南，明隆慶元年（1567）遷建。清文淵閣《四庫全書》版《畿輔通志》卷二十八第 39 頁：故城縣學舊在縣治東北，明洪武二年知縣薛庸訓導王哲創建，永樂二年知縣王善、訓導蘇潤修補。

洪武六年

1. 順德府平鄉縣學　卷四：平鄉縣學在縣治東，洪武六年建，永樂三年重修。

2. 眞定府藁城縣學《四庫全書》存目叢書史部第 192 冊，濟南：齊魯書社，1996：192～196〔明〕唐臣，雷禮纂修，嘉靖《眞定府志》卷十五《學校》第 37 頁：藁城縣學在縣治南，宋以來建置不可考，元祐六年知縣祝安上新遷文廟後……皇明洪武六年知縣張處恭建。清文淵閣《四庫全書》版《畿輔通志》卷二十八《學校》第 46 頁：藁城縣學在縣治東南，宋元祐六年知縣祝安上建，明洪武六年知縣張處恭增修，正統七年知縣徐榮重修。《明一統志》卷三第 14 頁：藁城縣學在縣治南，正統三年因舊重建。

洪武七年

1. 保定府雄縣學　卷二：雄縣學在縣治北，洪武七年建，永樂元年重修。

2. 保定府安州學 卷二：安州學在州治西，洪武七年建，永樂二年重修。

3. 眞定府行唐縣學 卷三：行唐縣學在縣治東北，洪武七年建。

4. 大名府清豐縣學 卷四：清豐縣學在縣治北，宋建元末頹圮，本朝洪武七年重建。

5. 永平府撫寧縣學 卷五：撫寧縣學在縣治東，洪武七年建。

6. 眞定府眞定縣學 嘉靖《眞定府志》卷 15《學校》第 5 頁：眞定縣學在縣治西北，洪武七年眞定知縣洪子祥創建。《明一統志》卷三，第 14 頁：在縣治西洪武七年建。

7. 眞定府深州學《畿輔通志》卷二十八，第 69 頁：深州州學在州治東，明洪武七年知縣朱英建，後圮於水，永樂十年知州蕭伯辰遷建於此。《明一統志》卷三，第 14 頁：深州學在州治東，永樂間建。

洪武八年

1. 順天府順義縣學 卷一：順義縣學在縣治西，洪武八年建。

2. 保定府淶水縣學 卷二：淶水縣學在縣治西，元建，本朝洪武八年修，宣德元年重修。

3. 眞定府饒陽縣學《畿輔通志》卷二十八第 69 頁：饒陽縣學舊在縣治西北，元元貞二年縣尉李世先遷於縣治北，明洪武八年知縣左良弼修。《明一統志》卷三第 15 頁：饒陽縣學在縣治北，元元貞間建，本朝洪武間重修。

洪武九年

1. 順德府南和縣學 卷四：南和縣學在縣治南，洪武九年建，永樂十年重修。

洪武十年

1. 廣平府邯鄲縣學 卷四：邯鄲縣學在縣治西南，洪武十年建，永樂十一年重修。

洪武十三年

1. 保定府高陽縣學 卷二：高陽縣學在縣治東，洪武十三年建。

2. 大名府滑縣學 卷四：滑縣學在縣治東南，金建，本朝洪武十三年修。

洪武十四年

1. 順天府香河縣學 卷一：香河縣學在縣治東，洪武十四年建，正統元年重修。

2. 保定府容城縣學 卷二：容城縣學在縣治東北洪武十四年建。

洪武十五年

1. 順天府保定縣學 卷二：保定縣學在縣治東，洪武十五年建。

2. 順天府懷柔縣學 卷一：懷柔縣學在縣治東，洪武十五年建，正統五年重修。

洪武三十年

1. 河間府任丘縣學 嘉靖《河間府志》卷五《宮室志·學校》第 10 頁：在育賢街北，廣四十六步，袤九十步，洪武三十年（1397）主簿石士賢創，知縣毛文周祐繼修明倫堂在文廟後。《明一統志》卷二：在縣治東北，任丘縣學洪武初建，永樂四年重修。《畿輔通志》任丘縣學在縣治東，元至元甲申縣尹唐慧創建，明洪武三十年主簿石士賢重修，知縣毛文周祐繼修。

洪武三十五年

1. 大名府元城縣學 卷四：元城縣學在縣治西北，洪武三十五年建。

洪武年間（具體時間不詳）

1. 河間府靜海縣學《明一統志》卷二第 40 頁：靜海縣學在縣治東南，洪武初建。

2. 河間府景州學《明一統志》卷二第 40 頁：景州學在州治東南，洪武初建，宣德、正統中俱重建。

3. 永平府樂亭縣學《明一統志》卷五第 7 頁：樂亭縣學在縣治西北，金建，本朝洪武初建。萬曆《永平府志》卷二《公署》第 29 頁：樂亭縣儒學在縣治西北，洪武初建。文廟在學左，知縣王文貴因元舊制同學修建。

4. 永平府學 弘治《永平府志》卷七《學校》第 1 頁：本府儒學在府治北一百五十步，洪武初開設。《明一統志》卷五第 7 頁：永平府學在府治西北，元至正間因其舊修，本朝永樂十五年重修。

永樂四年

1. 河間府阜城縣學 嘉靖《河間府志》卷五《宮室志·學校》第 7 頁：阜城縣儒學在縣治東南，洪武初毀於劫火，永樂四年教諭袁茂宗創建。嘉靖《河間府志》卷五《宮室志·學校》第 8 頁：大學士劉羽撰《重修阜城廟學記》云……我朝洪武初於縣治東南建學，永樂初嘗葺理之。《明一統志》卷二第 40 頁：阜城縣學在縣治東南，洪武初建，永樂四年重修。清文淵閣《四庫全書》版《畿輔通志》阜城縣學在縣治東南，明洪武初毀於火，永樂四年教諭袁茂宗創建。

洪熙元年

1. 延慶州學 卷五：延慶州學在州治東南隅，洪熙元年建，正統九年重修。

正統元年

1. 延慶州永寧縣學 卷五：永寧縣學在縣治東正統元年建。

正統四年

1. 保定府武學 卷二：武學在都司治東南，正統四年建。

正統七年

1. 山海衛學 卷五：在衛城西，正統七年建

景泰二年

1. 保安州學 卷五：保安州學在州治東，景泰二年建。

成化年間

1. 大名府東明縣學 正德《大名府志》卷五《學校》第 25 頁：東明縣儒學在縣治東南，洪武間省縣並學廢之。弘治四年復縣，是歲五月創建廟學，知縣宮顯、鄧鉞相繼成之。《明一統志》卷四第 37 頁：東明縣學在縣治東，成化中建。

二、重建／重修實例

洪武二年

1. 保定府蠡縣學 卷二：蠡縣學在縣治東南，元建，本朝洪武二年重建，永樂四年重修。

2. 順德府唐山縣學 卷四：唐山縣學在縣治西，元至正三年建，本朝洪武二年重建。

3. 大名府內黃縣學 卷四：內黃縣學在縣治東北，元建後廢，本朝洪武二年重建，正統九年修。

洪武三年

1. 順天府寶坻縣學 卷一：寶坻縣學在縣治東北，元大德間建，本朝洪武三年重修。

2. 眞定府寧晉縣學 卷三：寧晉縣學在縣治南，宋崇寧間建，本朝洪武三年重修。

洪武四年

1. 順天府漷縣學 卷一：漷縣學在縣治西北，舊在河西務，元末廢，本朝洪武四年重建於此。《日下舊聞考》卷 110 引漷縣志 儒學舊在縣東南河西務，洪武四年遷於縣治西北隅。

2. 眞定府學 卷三：眞定府學在府治東，宋熙寧間建，本朝洪武四年重修。

3. 廣平府學 卷四：廣平府學在府治東南，金建，元末廢，本朝洪武四年重建，正統十一年重修。

洪武五年

1. 順天府涿州學 卷一：涿州學在州治西南，遼統和間建，本朝洪武五年重建。

2. 順天府大城縣學 卷一：大城縣學在縣治西，元建，本朝洪武五年重修。

洪武六年

1. 順天府永清縣學《明一統志》卷一：在縣治西南，金壽昌初建，本朝永
   樂六年修。《圖書集成職方典》永清縣學舊在縣治西南……洪武六年知縣
   盛本初重建。（注意：時間有出入）《畿輔通志》卷 28《學校》第 14 頁：
   永清縣學在縣治西南，遼壽昌元年都哩軍都押司官蕭薩巴建，明洪武六
   年知縣盛本初、永樂六年知縣王居敬重修，成化四年知縣許健遷於南門
   內大街東。

洪武七年

1. 順天府薊州學《日下舊聞考》卷 114 引《圖經志書》：州學在拱星街，洪
   武七年修整。《明一統志》卷一：薊州學在州治西北，洪武初建，正統九
   年重修。

洪武八年

1. 保定府學 卷二：保定府學在府治東南，元中統間建……本朝洪武八年重
   建。

2. 保定府清苑縣學 卷二：清苑縣學在縣治東北，洪武八年建，永樂三年重
   修。

3. 保定府易州學 卷二：易州學在州治南，洪武八年重修。

4. 保定府淶水縣學 卷二：淶水縣學在縣治西，元建，本朝洪武八年修。

5. 保定府定興縣學 卷二：定興縣學在縣治南，洪武八年重建。

6. 真定府南宮縣學《明一統志》卷三第 15 頁：南宮縣學在縣治東南，洪武
   八年建，景泰五年重修。《畿輔通志》卷二十八第 64 頁：南宮縣學在縣
   東南，明洪武元年知縣楊繩建。（年代有出入）

7. 廣平府清河縣學 卷四：清河縣學在縣治東南，金建，本朝洪武八年重建，
   永樂十三年重修。

8. 廣平府威縣學 卷四：威縣學在縣治東南，金建，本朝洪武八年重建，正
   統十一年重修。

9. 真定府無極縣學《明一統志》卷三第 14 頁：無極縣學在縣治東，洪武二
   十八年因舊重建。《真定府志》卷十五第 30 頁：無極縣學……皇明洪武
   八年知縣□□因舊重建。《畿輔通志》卷 28 第 46 頁：無極縣學在縣治東，
   元縣尹元顏宣建，明洪武四年知縣邱子貞、天順七年知縣石倫……相繼
   修。

洪武九年

1. 保定府慶都縣學 卷二：慶都縣學在縣治西北，洪武九年因元舊重修。

2. 真定府棗強縣學《明一統志》卷三第 15 頁：棗強縣學在縣治東，舊在縣治東北，正統間始遷於此。《畿輔通志》卷二十八第 65 頁：棗強縣學在縣治東，金天會間建，明洪武九年知縣李源清拓修。《真定府志》卷十五第 60 頁：棗強縣學原在舊縣治前，金天會間移置縣東北。皇明洪武中知縣李源清建文廟儒學。

洪武十一年

1. 順天府密雲縣學 卷一：密雲縣學在縣治東，元至元間建，本朝洪武十一年重修。

2. 保定府新城縣學 卷二：新城縣學在縣治西北，元建，本朝洪武十一年重修。

洪武十三年

1. 順天府平谷縣學 卷一：在縣治南，元至元間建，本朝洪武十三年重修。

2. 真定府定州學 卷三：定州學在州治西北，宋建，洪武十三年重修。

3. 真定府趙州學 卷三：趙州學在州治東南，洪武十三年因舊重修。

4. 真定府靈壽縣學 卷三：在縣治南，元至元間建，本朝洪武十三年重修。

5. 真定府定州學 卷三：定州學在州治西北，宋建，洪武十三年重修。

6. 大名府滑縣學 卷四：滑縣學在縣治東南，金建，本朝洪武十三年修。

洪武十四年

1. 真定府曲陽縣學 卷三：曲陽縣學在縣治東，宋元祐間建，本朝洪武十四年重修。

洪武十五年

1. 順天府房山縣學 卷一：房山縣學在縣治東南，元時建，本朝洪武十五年重修。

2. 永平府昌黎縣學 卷五：昌黎縣學在縣治西南，元大德間建，本朝永樂中重建。《大清一統志》卷十三第 6 頁：昌黎縣學在縣治西南元大德中建，明永樂十五年重建。《畿輔通志》卷二十八第 24 頁：昌黎縣學在縣治西南，始建未詳，元大德四年縣尹劉懋修，明永樂十五年知縣楊禧重建。萬曆《永平府志》卷二：昌黎縣儒學，在縣治西，洪武初因勝國舊址。永樂十五年知縣楊禧重建。文廟，在儒學東，洪武三年重建。

洪武二十三年

1. 大名府肥鄉縣學 卷四：肥鄉縣學在縣治東南，宋建，本朝洪武二十三年

重建。

洪武二十五年

1. 大名府開州學　卷四：開州學在州城東門內，元建，本朝洪武二十五年重建。

洪武二十七年

1. 廣平府曲周縣學　卷四：曲周縣學在縣治東，金建，本朝洪武二十七年重建。

洪武二十八年

1. 眞定府欒城縣學　卷三：欒城縣學在縣治東南，洪武二十八年因舊重建
2. 保定府深澤縣學　卷二：深澤縣學在縣治東北，宋建，本朝洪武二十八年重修。

洪武年間（具體時間不詳）

1. 河間府興濟縣學《明一統志》卷二第 40 頁：興濟縣學在縣治東南，洪武中建，景泰三年重修。
2. 眞定府武強縣學《畿輔通志》卷二十八第 69 頁：武強縣學在縣治東南，宋時建，金末兵毀，元至元十七年縣尹要德潤重建，至正中縣尹周宗魯重修，明洪武成化……先後修葺。
3. 眞定府高邑縣學《眞定府志》卷十五《學校》第 41～42 頁：高邑縣學在縣治西南，宋慶曆中始立……皇明洪武中知縣王藻修葺。《明一統志》卷三第 15 頁：高邑縣學在縣治南，宋慶曆中建。《畿輔通志》卷二十八第 67～68 頁：高邑縣學在縣治西南，宋慶曆中建，崇寧二年知縣李佚修，元至元中縣尹宋明善重修，明洪武、永樂……先後重修。
4. 眞定府元氏縣學《畿輔通志》卷二十八第 47 頁：元氏縣學，明洪武初知縣謝止重建。《明一統志》卷三第 14 頁：元氏縣學在縣治東南，宋元祐間建，本朝正統四年重修。

永樂元年

1. 順德府廣宗縣學　卷四：廣宗縣學在縣治東南，元中統間邑人李仲濟以其私地建，本朝永樂九年重建。

永樂二年

1. 河間府河間府學　嘉靖《河間府志》卷之五《宮室志·學校》第 1 頁：（府儒學）在府治東南，元至元六年戶部侍郎萬嘉閭出守河間修廟學又爲精舍。洪武初詔建天下郡縣學，永樂二年知府崔衍增置。弘治初知府謝文恢弘舊規，知府施槃相繼修葺。《明一統志》卷二第 40 頁：河間府學在

府治東南，洪武初建，正統六年重修。清文淵閣《四庫全書》版《大清一統志》卷十五第 8 頁：河間府學在府治東南，元至元六年建。

2. 河間府南皮縣學 嘉靖《河間府志》卷五《宮室志‧學校》第 26 頁：南皮縣儒學在縣治東南隅……永樂二年知縣張通重建。《明一統志》卷二第 40 頁：南皮縣學在縣治東南，洪武間建，景泰三年重修。

永樂三年

1. 保定府滿城縣學 卷二：滿城縣學在縣治東南，元建，本朝永樂三年重修。
2. 眞定府武邑縣學 卷三：武邑縣學在縣治東北，元延祐間建，本朝永樂三年重修。

永樂四年

1. 眞定府新河縣學《明一統志》卷三：新河縣學在縣治東，元至正間建。《畿輔通志》卷二十八第 65 頁：新河縣學在縣治東南，元至元二十七年縣尹閻思齊建，泰定二年縣尹魏鑒重修，明永樂四年知縣蕭智重建。

永樂六年

1. 保定府新安縣學 卷二：新安縣學在縣治南，元建，本朝永樂六年重修。

永樂十三年

1. 順天府豐潤縣學 卷一：豐潤縣學在縣治東南，金大定間建，本朝永樂十三年重修。
2. 廣平府雞澤縣學 卷四：雞澤縣學在縣治東，金建，本朝永樂十三年重修。

永樂十四年

1. 順天府通州學 卷一：通州學在州治西，元大德間建，本朝永樂十四年重修。
2. 河間府吳橋縣學 卷二：吳橋縣學在縣治東，元建，本朝永樂十四年重修。
3. 眞定府新樂縣學 卷三：新樂縣學在縣治東南，宋大觀間建，本朝永樂十四年重修。

永樂十九年

1. 眞定府冀州學 卷三：冀州學在州治東，永樂十九年因舊重建。

永樂年間

1. 眞定府衡水縣學《明一統志》卷三第 15 頁：衡水縣學在縣治東，永樂間改遷於此。
2. 順德府沙河縣學《明一統志》卷四第 5 頁：沙河縣學在縣治東南，宋大觀初建，本朝永樂中重建。萬曆《順德府志‧建置志》第 47 頁：沙河縣

儒學，縣治東南，宋大觀間建。萬曆《順德府志・典祀志》第 90 頁：沙河縣文廟，縣治東南，成化二年（1466）知縣程程修，嘉靖八年推官許論重修。《畿輔通志》卷二十八第 49 頁：沙河縣學在縣治東南，宋大觀初建，尋廢，明弘治十八年知縣張瑾重建。

3. 眞定府安平縣學《畿輔通志》卷二十八第 17 頁：安平縣學在縣治東北，元縣尹石林建，縣尹馬惟良重修，明永樂、正德、嘉靖中知縣薛旵、陸載、郭學書、萬曆中知縣李時芳相繼修葺。《明一統志》卷三第 15 頁：安平縣學在縣治東北，元至元間建。

宣德元年

1. 順德府三河縣學 卷一：三河縣學在縣治西，金泰和間建，本朝宣德元年重修。

宣德四年

1. 河間府交河縣學《明一統志》卷二第 40 頁：交河縣學在縣治東，洪武中建，宣德四年重修。嘉靖《河間府志》卷五《學校志》第 11 頁：交河縣儒學在縣治東，洪武九年併入獻縣，十四年復置，知縣周以仁創建。宣德四年知縣林俊、訓導盧志謙重修。

宣德景泰間

1. 順天府遵化州學《畿輔通志》卷二十八第 20 頁：遵化州學在州治西南，金正隆三年建，元大德元年縣尹盧珪明，宣德、景泰間教諭毛達、訓導張輝總兵王彧、宗勝各補修。

正統三年

1. 眞定府藁城縣學《畿輔通志》卷二十八《學校》第 46 頁：藁城縣學在縣治東南，宋元祐六年知縣祝安上建，明洪武六年知縣張處恭增修，正統七年知縣徐榮重修。《明一統志》卷三：藁城縣學在縣治南，正統三年因舊重建。

正統四年

1. 眞定府獲鹿縣學 卷三：獲鹿縣學在縣治東南，元至元間建，本朝正統三年重修。

正統五年

1. 眞定府晉州學 嘉靖《眞定府志》卷十五《學校》第 67 頁：晉州學在州治西，元中統間節度使王安仁建。皇明正統弘治間知州崔瑭、沈林重修。《明一統志》卷三：晉州學在州治西，元中統間建，本朝正統五年重修。《畿輔通志》卷二十八第 47 頁：晉州學在州治西，元中統間節度使王安仁建，明正統元年知州崔瑭，成化戊申知州沈林，嘉靖中知州萬烔、張

應時相繼增修。(年代有出入,取《明一統志》的說法)

正統八年

1. 順天府文安縣學 卷一:文安縣學在縣治西,宋大觀間建,金毀,元皇慶初重建,本朝正統八年重修。

正統九年

1. 眞定府臨城縣學《明一統志》卷三第 15 頁:臨城縣學在縣治南,正統九年因舊重建。《畿輔通志》卷二十八第 68 頁:臨城縣學在縣治南,元至正中主簿實喇布哈登仕建,至順三年縣尹李世基修,明正統九年知縣阮居仁因舊址重建。嘉靖《眞定府志》卷十五《學校》第 42 頁:臨城縣學在縣治南,元至正中主簿實喇布花登仕建。

正統十四年

1. 河間府河間縣學《明一統志》卷二第 40 頁:河間縣學初在縣治東北,正統十四年嘗併入府學,尋復舊。

景泰五年

1. 眞定府井陘縣學《明一統志》卷三第 14 頁:井陘縣學在縣治西南,金明昌間建,本朝景泰三年重修。《畿輔通志》卷二十八第 44 頁:井陘縣學在縣治西北,金明昌二年建,元至正丙申縣尹崔克新增修,明景泰五年知縣陳璘重修。(年代有出入)

2. 河間府肅寧縣學《明一統志》卷二第 40 頁:肅寧縣學在縣治東北,元建,本朝景泰五年重修。

天順三年

1. 順德府學 萬曆《順德府志·建置志》第 1 頁:順德府儒學,府治西北,金節度使班子成重修,天順三年知府楊浩改修。萬曆《順德府志·典祀志》第 1 頁:順德府文廟,府治西北,代有修飭。國朝天順四年知府楊浩重修,成化六年京山黎永明重建。《明一統志》卷四第 5 頁:順德府學在府治西北,元初建,本朝重修。

弘治三年

1. 眞定府贊皇縣學《眞定府志》卷十五《學校》第 41~42 頁:贊皇縣學在縣治東,宋嘉祐二年縣尹曹九章建。……皇明弘治三年……修葺。《明一統志》卷三第 15 頁:贊皇縣學在縣治東,舊在縣治東南,宋嘉祐間遷於此,元至元間重修。《畿輔通志》卷二十八第 47 頁:贊皇縣學舊在縣治東南,宋嘉祐二年知縣曹九章遷建縣治東,元至正十六年同僉書樞密院事趙良弼重修,明弘治、正德、嘉靖間知縣任喜、王廷學、韓錦相繼修。

三、改建實例

1. 順天府東安縣學《明一統志》卷一：在縣治西，洪武五年建，宣德五年重修。《圖書集成職方典》：東安縣儒學在縣治西……明洪武三年復以水患，隨縣遷於張李店，即今學也。

2. 河間府獻縣學 嘉靖《河間府志》卷五《宮室志・學校》第 7 頁：獻縣儒學在縣治西，元至元九年知州郭時敏重修。洪武九年知縣韓廷咸改建，時爲州本學教諭儲埏，遷明倫堂東西齋於文廟之西。《明一統志》卷二：獻縣學在縣治西，元建，本朝永樂十一年重修。

四、遷建實例

洪武四年

1. 河間府青縣學 嘉靖《河間府志》卷五《宮室志・學校》第 12 頁：青縣儒學舊在城內，元末廢，洪武四年知州李敬移建於城外衛河之濱，永樂三年……重修。《明一統志》卷二第 40 頁：青縣學在縣治東，洪武初建，永樂三年重修。

洪武九年

1. 河間府鹽山縣學 嘉靖《河間府志》卷五《宮室志・學校》第 27 頁：鹽山縣學在舊城東南，洪武九年知縣吳文靖徙置今縣治西，正統八年知縣潘恕、訓導祈鳳重修。《明一統志》卷二：鹽山縣學在縣治西北，洪武初建，正統八年重修。

洪武十一年

1. 廣平府永年縣學《明一統志》卷四第 18 頁：永年縣學在縣治西，舊學在城東北隅，洪武十一年徙建於此。

洪武十四年

1. 眞定府隆平縣學《明一統志》卷三第 15 頁：隆平縣學在縣治東南，舊在縣治東，本朝洪武十四年徙於此，正統十二年重修。

洪武年間

1. 順天府武清縣學《明一統志》卷一第 25 頁：武清縣學在縣治東，舊在白河西，本朝洪武初因避水患徙建於此。《大清一統志》卷四第 16 頁：在縣治南，舊在白河西明，洪武中遷縣治東，嘉靖十六年又遷今所。

建文四年

1. 大名府學《明一統志》卷四第 37 頁：大名府學在府城東南，原在舊府城內，宋時建爲辟雍，有賜辟雍詔碑，本朝洪武三十五年與府治俱徙焉。

景泰三年

1. 順天府昌平州學《明一統志》卷一第 24～25 頁：昌平州學在州治東，原在舊州治西，景泰三年（1452）始與州治俱徙。

嘉靖十二年

1. 順天府玉田縣學《明一統志》卷一第 25 頁：玉田縣學在縣治西，遼乾統間建，本朝景泰五年重修。《大清一統志》卷二十九第 4 頁：玉田縣學在縣治西，遼乾統中建，明嘉靖中改建西關外，萬曆六年又移於此。《畿輔通志》卷二十八第 25 頁：玉田縣學在縣治西，遼乾統中建，明嘉靖癸巳（1533）改建西關外，庚戌（1550）督學御史阮鶚復移城內，萬曆六年知縣胡兆麒稍遷而東。

天順年間

1. 順德府鉅鹿縣學 成化《順德府志》第 106 頁：鉅鹿縣學在縣治東南，元元貞間建，大德初重修，天順間張紀仍修。萬曆《順德府志》第 51 頁：鉅鹿縣儒學，治東南，元元貞間建。萬曆《順德府志》第 93 頁：鉅鹿縣文廟，縣治東南，天順間張紀、正德間知縣陳宇相繼修，萬曆十一年，知縣何文極重修。《明一統志》卷四第 6 頁：鉅鹿縣學在縣治東南，元元貞間建，大德初重修。《畿輔通志》卷二十八第 50 頁：鉅鹿縣學在縣治東南，元元貞間建，大德初重修，明知縣張紀增修。

附錄 C：明代北直隸地方志部分壇壝史料

一、保定府

（資料來源：弘治《保定郡志》卷 19《壇壝》，第 1 頁下～第 3 頁下）

舊志云社稷壇在城西北三里，山川壇在城東南一里，漢唐迄五代未有府治，故壇壝未設。至宋太宗端拱四年始置保州，粗立社稷壇，其制未備。唐制用日月章服升降跪起之節，鄙野不經。吏部侍郎齊處冑請用祥符四年詔定諸州社稷圖制，先有請建風雨壇，有司言唐制諸郡建社稷壇於東西稍北無廟之文，今社稷後風師雷師雨師爲壇各一，主亦以石製稍殺焉。楊氏集古錄遷新社記云，大中十年，關西公遷社於坤，社稷合爲一壇，風師一壇雨師一壇，制同社稷，社以后土勾龍氏，稷以后稷配，元因之，壇南植栗木爲表式要之，皆非確論。

國朝酌古準今並爲一壇，以太社五丈而殺其半，東西二丈五尺，南北如之，高三尺，四出階各三級，壇下前九丈五尺，東西南北各五丈，以垣繚之。立四紅油門，由北門入。石主，長二尺五寸方一尺，埋於壇上正中，其形似鍾剡，上以象天下以象地，正中以取其不偏，距壇邊二尺五寸而益其半則合天地之中數。木主二，高二尺二寸闊四寸五分厚九分，座高四寸五分闊八寸五分厚四寸五分。社在府題曰府社之神，州曰州社之神，在縣曰縣社之神，居左。稷右，郡曰府稷之神，州曰州稷之神，在縣曰縣稷之神，居右。朱漆青字神廚三間，過梁通連齋舍等屋各若干楹，歲以春秋仲月上戊日有司，前期二日齋戒，用豕二羊二祝一帛二黑色長一丈八尺，致祭各州縣制同。

風雲雷雨山川壇前代風師一壇雨師一壇，在社稷壇東西。國朝洪武八年定制並爲一壇，南向。廣袤、石主與社稷壇同。木主三，一題風雲雷雨之神，

居中；一題曰本府境內山川之神，居右；一題曰本縣城隍之神，居左。外繚以垣，周蔭佳木。神廚齋舍等屋亦如社稷之制，每歲以二月上旬有司，前期二日齋戒，至日同宿祭所以羊三豕三帛七長一丈八尺白色，致祭各州縣制同。

無祀鬼神壇，府曰郡厲壇，州曰州厲，縣曰邑厲。洪武三年創制，歲以春三月清明日，秋七月十五日，冬十月一日，晡時致祭。先期三日有司移牒城隍之神，祭之日奉城隍神主於壇正中，南向，用羊一豕一以主其祭。設無祀鬼神位於壇下，用羊二豕二左右列，祭文錄於石刻，各州縣制同。

里社，洪武八年定制，每里立社一，命耆老歲以春秋仲月，用羊一豕一酒果之儀，致祭五土之神五穀之神，各州縣制同。

鄉厲，洪武八年定制，每社立無祀鬼神壇一謂之鄉厲，命耆老歲以春秋仲月，用羊一豕一致祭，各州縣制同。

二、眞定府

（資料來源：嘉靖《眞定府志》卷 14《祀典》，原缺第 8、13 頁）

社稷壇 在本府城西北五里。洪武初建，弘治七年重修。東爲門，中爲壇，兩側爲崇廚，北爲齋所。春秋二仲上戊日祭。其州縣俱如制。

風雲雷雨山川壇 在本府長樂門外一里許。洪武初建，弘治七年重修。門南向，中爲壇，東爲齋所、爲廚庫。春秋二仲上巳日以□□□□。其州縣俱如制。

厲壇 在本府永安門外二里許，洪武初建，弘治七年重修。設壇門南向，周圍有垣。壇祭□□□清明，七月望，十月朔，請城隍之神主其祭。其州縣俱如制。

城隍廟 在府治西南隅，洪武三年肇築□□，成化間知府張玉田濟皆嘗修治。

三、保定府蠡縣

（資料來源：嘉靖《蠡縣志》卷 4《壇壝》）

社稷壇在北郭之西，中設壇基，其齋房神庫宰牲房神廚近廢。

蠡縣風雨雷雨山川壇 在南郭門內大街東，中爲壇基，其齋房神庫宰牲房神廚近廢。

蠡縣城隍廟在縣西北崇基上，前建門樓次串廳塑神馬，中爲廟三楹重簷，

設銅像有東西序，有後寢，圍以短垣。

蠡縣厲壇 在北郭門外，迎恩亭後，中爲壇基，爲御製厲祭文碑，其庫房廚房宰牲房近廢。

四、眞定府獲鹿縣

（資料來源：嘉靖《獲鹿縣志》卷 4《壇壝》）

社稷壇 舊在縣西郭外，嘉靖二十九年知縣孟經改建城北奇石山下，嘉靖三十四年知縣趙惟勤檢詳。《大明會典》內一條一，天下府州縣有司各建社稷壇於城西。查得本縣西壇原係洪武年間創設，已有定制，無故廢置，有乖典禮。於是仍即城西故址修建壇壝，諸所規制悉復其舊。地廣：闊四十步，長四十八步，共地八畝。

風雨雷雨山川壇 舊在縣南郭外迤東，嘉靖二十九年知縣孟經改建，鹿水東南西三十五步，南北三十七步，地四畝六分六釐七毫。

厲壇 縣城北迤東，長三十五步，闊二十四步，地四畝九分五釐八毫。

五、臨漳縣

（資料來源：正德《臨漳縣志》卷五《宮室・壇壝》第一頁）

臨漳 社稷壇 在縣西北幾一里許，南北長一十七丈，東西闊二十六丈。壇高三尺，東西南北各二丈五尺。石主神牌各依時制。

臨漳 風雲雷雨山川壇 在縣南幾一里許，南北長一十七丈五尺，東西闊二十七丈五尺。壇高三尺，東西南北各二丈五尺。壇制如社稷之數。石主三制與社稷同。

臨漳 邑厲壇 在縣西北幾一里許，南北長一十八丈，東西闊一十二丈。壇高三尺，東西南北各二丈五尺。外門一座，祭文碑一統。

六、

（資料來源：嘉靖《翼城縣志》卷三《祠祀志》第三頁）

社稷壇 在北門外西隅，周圍一百六十步，洪武四年知縣李諒重建。
風雲雷雨山川壇 在城南，周圍一百八十步，洪武六年縣丞薛大昉建。
邑厲壇 在城北，周圍一百四十步，洪武八年知縣王源渭建。
鄉厲壇 在各里多廢。

七、威縣

（資料來源：嘉靖《威縣志》卷 5《祀典》）

社稷壇 在城西，壇崇三尺，東西二丈五尺，南北如之，四出陛，各三級，壇下前九丈五尺，周繚以垣，神廚宰牲房齋所各三間，俱在壇左。洪武十三年知縣朱恒建，正統間知縣王閏重建，成化間知縣王政修，嘉靖初知縣錢木修，今二十七年知縣胡容重修。

原額每年春秋二祭，每祭銀五兩買辦祭品，豬二羊二兔二魚四，帛二黑色長一丈八尺，黍稷稻粱各三升，燭四對，栗棗韭圓榛各一斤，酒一鐏，菁芹筍鹽各一斤香。

里社 每里一，石戶內立壇一，所祭五土主穀之神。

風雲雷雨山川壇 在城南，崇二尺五寸，東西二丈五尺，南北如之，四出陛，各三級，惟午五級，周繚以垣，神廚宰牲房齋所各三間，俱在壇左。洪武中知縣袁師孟建，正統中知縣王閏重建，所植樹猶存，成化間知縣王政修，嘉靖初知縣錢木修，今知縣胡容重修，加植樹木。

原額每年春秋二祭，每祭銀六兩，祭品豬三羊三兔三魚六，帛三白色，黍稷稻粱各三升，燭六對，菁芹韭筍鹽各一斤香。

邑厲壇 在城北，崇二尺，延廣各二丈，前出陛三級，周繚以垣，神廚宰牲房齋所各三間，亭一以覆御製□□（原字漫漶不清，應為厲壇）祭文碑。

原額每年清明日、七月十五日、十月朔日三祭，每祭銀六兩，祭品豬三羊三，梨棗麵飯十盤，米飯十盆，燭十對，酒十鐏，油麵果二十二碟，金銀紙馬鹽。

鄉厲 每里百戶內立壇一所，祭無祀鬼神，每歲三祭，祭與邑厲同。

附錄 D：海瑞《築城申文》

〔明〕海瑞，海瑞集，北京：中華書局，1962：157～159 頁。

淳安縣爲查理築城禦患事，安奉府貼，蒙分守道右參政翁安驗，奉巡按御史王批呈，仰縣應築牆垣將分定里遞土築等因，及蒙欽差總督軍門胡批申前事，奉此，今該本縣知縣海屢次拘集裏遞人等，欲興工築。各稱與其爲牆垣，不若爲城池，一勞永逸。卑職隨到各方相視，果係地土疏惡，縣西北兩方依山，時有水氣浸漬。縣東一帶地勢洿下，築土爲牆，勢必不能堅久。縣南一帶居民臨溪，溪深地高，築石平岸即可爲城。用石築牆與用石築城，所費僅多十分之一。若爲牆垣，三五年間必復修築。誠不若鑿池築城一勞永逸也。況縣治去礦山三十里而近時有警報。三十五年倭賊五十餘人各方擄掠，道經縣後過徽州府，時在縣居民驚散，縣治止存縣官縣學官吏數人。自杭州府至徽州府水行陸路，淳安皆必由之道。古人設險守國，必其上可以樹干櫓、集士卒，設有不虞，居高臨下，勝算在我。土牆藩蔽內外，於禦侮或無大利也。卑職帶同里遞人等，再行丈視，周圍計九百丈，築砌高一丈七尺，垛高五尺，共二丈二尺。下闊一丈三尺，上闊九尺。南臨溪一丈七尺。全用石砌，止垛子五尺用磚。東西北下三尺用石砌，上一丈四尺全用磚。計將八百丈，分八百個遞年，一百丈付居民之有店房在縣治者領築。縣東北二處，其全幫山者止外面砌築之功，原係消乏稱三分里分領築，幫山少者五分甲分領築，又少者七分甲分領築。縣東一帶洿下砌築功力比平地多十分之三，則以殷實甲分築之。其等第亦視幫山者分三等，縣南一帶臨溪築基之力雖多，然築平岸址即便是城，與不洿下不臨山功力無異，則付之中平甲分有鋪店之家。抗擔土石並衝築功照丁田數起夫，雇請磚工石工灰砌舟運之費，照丁田數起課銀兩。選家道殷實立心公直能幹耆民何一仁等一十六人，分方督築。其有創

築不如法、不堅久者，督築之人自行復修。此合通縣裏遞士民日久計議，如此為便。土牆目前之功，不可經久。具由申詳本府，蒙批：該縣先議築土牆，行催一年之上未見完報，今始改議築城何也？且築城大事，為知民情財力若何，仰縣再審通縣糧里果願築城，還須區劃周當，通詳上司具批詞由繳。今蒙前因，清審糧耆里老黃叔亮等，眾稱原議築城，各情允服，為此除申軍門胡、巡按御史周、布按二司、守巡二道照詳外，今將議過緣由具申，伏乞照詳示下施行，須至申者。當謂縣無城守，亦若人之治家，內有堂寢器具藏穀粟貨財，而不為之限以藩牆，蔽以門戶，萬一貨出不虞，後悔何及。鎮之丹陽，不得已築一小城以衛縣治，後又重複續為一城，以衛居民。近事可鑒。人情憚於出財，小民不知遠慮，固不必區區問是樂從否也。但近日錢糧繁疊，催徵苦難。更加城築，則古稱封人慮事，分財用、平板幹、稱畚築、程土物、略基址、具餱糧諸事，計所費萬金，苦難何如？鄙意欲八十里中，好甲分計費出銀五兩，醜甲分計費出銀三兩二兩。淳民喜訟，本縣於詞訟中酌處幫助，通以二年中為之，似或可以使民不覺勞費。而今已矣，後之當世者非城別有區處，算計優裕，不可輕舉輕議也。

附錄 E：中國古代部分子城史料

　　子城、羅城之設，早已有之。〔註 1〕

　　《史記·三家注》卷 31·吳太伯世家第一：正義吳俗傳云「子胥亡後，越從松江北開渠至橫山東北，築城伐吳。子胥乃與越軍夢，令從東南入破吳。越王即移向三江口岸立壇，殺白馬祭子胥，杯動酒盡，越乃開渠。子胥作濤，蕩羅城東，開入滅吳。至今猶號曰示浦，門曰□礮」。是從東門入滅吳也。

　　南朝有子城、羅城之稱，子城或稱「金城」。

　　《梁書》卷 3·本紀第三武帝下：普通五年（524 年）九月壬戌，宣毅將軍裴邃襲壽陽，入羅城，弗克。

　　《梁書》卷 45·列傳第三十九王僧辯傳：僧辯仍督諸軍渡江攻郢〔註2〕，即入羅城。宋子仙蟻聚金城拒守，攻之未克。子仙使其黨時靈護率眾三千，開門出戰，僧辯又大破之，生擒靈護，斬首千級。子仙眾退據倉門，帶江阻險，眾軍攻之，頻戰不克。景既聞魯山已沒，郢鎮復失羅城，乃率餘眾倍道歸建業。（另見《南史》卷 63·列傳第 53 王神念（子僧辯）傳：攻拔魯山，仍攻郢，即入羅城。）

　　《梁書》卷 56·列傳第五十侯景傳：景二年（553 年）正月朔，臨軒朝會。景自巴丘挫衄，軍兵略盡，恐齊人乘釁與西師掎角，乃遣郭元建率步軍趣小峴，侯子鑒率舟師向濡須，曜兵淝水，以示武威。子鑒至合肥，攻羅城，克之。

〔註 1〕　郭湖生先生稱「子城、羅城之稱，始見於南北朝史籍」略有不確。參見郭湖　　　　生，子城制度。中華古都：中國古代城市論文集〔M〕，臺北：空間出版社，　　　　2003：145。原載：日本京都大學《東方學報》第五十七冊 1985 年 3 月。

〔註 2〕　郢州，江夏，今湖北省武昌。

《陳書》卷5·本紀第五宣帝：太建五年（569年）九月丙子，左衛將軍樊毅克廣陵楚子城。〔註3〕（另見《陳書》卷31·列傳第二十五樊毅傳：高祖受禪，毅與弟猛舉兵應王琳，琳敗奔齊，太尉侯瑱遣使招毅，毅率子弟部曲還朝。天嘉二年，授通直散騎常侍，仍隨侯瑱進討巴、湘。累遷武州刺史。太建初，轉豐州刺史，封高昌縣侯，邑一千戶。入為左衛將軍。五年，眾軍北伐，毅率眾攻廣陵楚子城，拔之，擊走齊軍於潁口，齊援滄陵，又破之。）

北朝定州（今河北省定州）有羅城之設。

《魏書》列傳第四十六楊播傳附楊侃傳：侃，字士業。頗愛琴書，尤好計劃。時播一門，貴滿朝廷，兒侄早通，而侃獨不交遊，公卿罕有識者。親朋勸其出仕，侃曰：「苟有良田，何憂晚歲？但恨無才具耳。」年三十一，襲爵華陰伯。釋褐太尉、汝南王悅騎兵參軍。揚州刺史長孫稚請為錄事參軍。蕭衍豫州刺史裴邃治合肥城，規相掩襲，密購壽春郭人李瓜花、袁建等令為內應。邃已纂勒兵士，有期日矣，而慮壽春疑覺，遂謬移云：「魏始於馬頭置戍，如聞復欲修白捺舊城。若爾，便稍相侵逼，此亦須營歐陽，設交境之備。今板卒已集，唯聽信還。」佐僚咸欲以實答之，云無修白捺意。而侃曰：「白捺小城，本非形勝。邃好小點，今集兵遣移，虛構是言，得無有別圖也？」稚深悟之，乃云：「錄事可造移報。」侃移曰：「彼之纂兵，想別有意，何為妄構白捺也！他人有心，予忖度之，勿謂秦無人也。」邃得移，謂已知覺，便爾散兵。瓜花等以期契不會，便相告發，伏辜者十數家。邃後竟襲壽春，入羅城而退。遂列營於黎漿、梁城，日夕鈔掠。稚乃奏侃為統軍。（另見《北史》卷41·列傳第29楊侃傳：侃字士業。……年三十一，襲爵華陰伯。揚州刺史長孫承業請為錄事參軍。梁豫州刺史裴邃規相掩襲……邃後竟襲襲壽春，入羅城而退，遂列營於黎漿、梁城，日夕鈔掠。承業乃奏侃為統軍。）

《魏書》列傳第四十六楊播傳附楊津傳：（津）孝昌初，加散騎常侍，尋以本官行定州事。既而近鎮擾亂，侵逼舊京〔註4〕，乃加津安北將軍、假撫軍將軍、北道大都督、右衛，尋轉左衛，加撫軍將軍。始津受命，出據靈丘，而賊帥鮮于修禮起於博陵，定州危急，遂回師南赴。始至城下，營壘未立，而州軍新敗。津以賊既乘勝，士眾勞疲，柵壘未安，不可擬敵；賊必夜至，

〔註3〕 公元前486年吳王夫差始築邗城，公元前319年楚國築廣陵城（今江蘇省揚州），後經漢、東晉多次重築。

〔註4〕 謂代京，今山西省大同市。

則萬無一全，欲移軍入城，更圖後舉。刺史元固稱賊既逼城，不可示弱，閉門不內。津揮刀欲斬門者，軍乃得入城。賊果夜至，見柵空而去。其後，賊攻州城東面，已入羅城，刺史閉小城東門，城中騷擾，不敢出戰。津欲禦賊，長史許被守門不聽，津手劍擊被，不中，被乃走。津開門出戰，斬賊帥一人，殺賊數百。賊退，人心少安。詔除衛尉卿，徵官如故，以津兄衛尉卿椿代爲左衛。尋加鎮軍將軍、討虜都督，兼吏部尚書、北道行臺。初，津兄椿得罪此州，由鉅鹿人趙略投書所致。及津之至，略舉家逃走，津乃下教慰喻，令其還業。於是闔州愧服，遠近稱之。……津以城內北人雖是惡黨，然掌握中物，未忍便殺，但收內子城防禁而已。將吏無不感其仁恕。（另見《北史》卷 41‧列傳第 29 楊津傳：孝昌中，北鎮擾亂，侵逼舊京，乃加津安北將軍，北道大都督，尋轉左衛，加撫軍將軍。津始受命，出據靈丘。而賊帥鮮于修禮起於博陵，定州危急，遂回師南赴。始至城下，榮壘未立，而州軍新敗。津以賊既乘勝，士眾榮疲，柵壘未安，不可擬敵，欲移軍入城，更圖後舉。刺史元固稱賊既逼城，不可示弱，乃閉門不內。津揮刃欲斬門者，軍乃得入。賊果夜至，見柵空而去。其後，賊攻州城東面，已入羅城。刺史閉小城東門，城中騷擾。津開門出戰，賊退，人心少安。）

《北齊書》卷 16‧列傳第八段榮（子韶）傳：武平二年正月（571 年）是月，周又遣將寇邊。右丞相斛律光先率師出討，韶亦請行。五月，攻服秦城。周人於姚襄城南更起城鎮，東接定陽，又作深塹，斷絕行道。韶乃密抽壯士，從北襲之。又遣人潛渡河，告姚襄城中，令內外相應。渡者千有餘人，周人始覺。於是合戰，大破之，獲其儀同若干顯寶等。諸將咸欲攻其新城，韶曰：「此城一面阻河，三面地險，不可攻，就令得之，一城地耳。不如更作一城壅其路，破服秦，並力以圖定陽，計之長者。」將士咸以爲然。六月，徙圍定陽，其城主開府儀同楊範固守不下。韶登山望城勢，乃縱兵急攻之。七月，屠其外城，大斬獲首級。時韶病在軍中，以子城未克，謂蘭陵王長恭曰：「此城三面重澗險阻，並無走路，唯恐東南一處耳。賊若突圍，必從此出，但簡精兵專守，自是成擒。」長恭乃令壯士千餘人設伏於東南澗口。其夜果如所策，賊遂出城，伏兵擊之，大潰，範等面縛，盡獲其眾。

河陰（今河南省孟津東）

《周書》卷 6‧帝紀第六武帝下：建德四年（575 年）八月癸卯，入於齊境。禁伐樹踐苗稼，犯者以軍法從事。丁未，上親率諸軍攻河陰大城，拔之。

進攻子城，未克。上有疾。（另見《北史》卷 10・周本紀下第 10：建德四年八月條）

《隋書》卷 23・志第 18・五行下・魚孽：大業十二年（616 年），淮陽郡驅人入子城，鑿斷羅郎郭。至女垣之下，有穴，其中得鯉魚，長七尺餘。

《隋書》卷 29・志第 24・地理上：金城郡，開皇初，置蘭州總管府，大業初府廢。統縣二，戶六千八百一十八。金城舊縣曰子城，帶金城郡。開皇初郡廢。大業初改縣爲金城。置金城郡。

南北朝亦有子城、羅城之稱，如：

江陵（今湖北省江陵縣）

《南史》卷 6 梁本紀下・梁元帝：及魏人燒柵，買臣、謝答仁勸帝乘暗潰圍出就任約。帝素不便馳馬，曰：「事必無成，徒增辱耳。」答仁又求自將，帝以問僕射王褒。褒曰：「答仁，侯景之黨，豈是可信？成彼之勳，不如降也。」乃聚圖書十餘萬卷盡燒之。答仁又請守子城，收兵可得五千人。帝然之，即授城內大都督，以帝鼓吹給之，配以公主。

《資治通鑑》卷 165 梁紀 21 元帝承聖三年（554 年）：長孫儉問（於）謹曰：「爲蕭繹之計，將如之何？」謹曰：「耀兵漢、沔，席卷渡江，直據丹陽（謂建康），上策也；移郭內居民退保子城，峻其陴堞，以待援軍，中策也；若難於移動，據守羅郭，下策也（此指荊州）。」（另見《北史》卷 23・列傳第 11 于謹傳：長孫儉曰：「爲蕭繹計將如何？」謹曰：「曜兵漢沔，席渡度江，直據丹陽，是其上策。移郭內居人，退保子城，以待援至，是其中策。若難於移動，據守羅郭，是其下策。」……旬有六日，外城遂陷，梁主退保子城。）

揚州

《北史》卷 91・列傳第 79 列女：任城國太妃孟氏者，鉅鹿人，尚書、任城王澄之母也。澄爲揚州之日，率眾出討。於後賊帥姜慶眞陰結逆黨，襲陷羅城。長史韋纘倉卒，孟乃勒兵登陴，激厲文武，喻之逆順。於是咸有奮志，賊不能克，卒以全城。靈太后後敕有司樹碑旌美。

唐朝各州輒有子城羅城之設，羅城或謂「外郭」，見諸史籍，其例甚多，如：

《舊唐書》卷 19 下・本紀第 19 下僖宗：廣明元年（880 年）十二月甲申條，是日，上與諸王、妃、后數百騎，自子城由含光殿金光門出幸山南，文

武百官僚不之知，並無從行者，京城晏然。是日晡晚，賊入京城，時右驍衛大將張直方率武官十餘迎黃巢於坡頭。壬辰，黃巢據大內，僭號大齊，稱年號金統（880 年）。

《舊唐書》卷 24・志第四禮儀四：天寶十載四月二十九日，移黃帝壇於子城內坤地，將親祠祭，壇成而止。

申州（今河南省信陽市）

《舊唐書》卷 15・本紀第 15 憲宗下：元和十二年（817 年）二月甲寅條，岳鄂團練使李道古師攻申州，克羅城，賊力戰，道古之眾大敗。（另見《舊唐書》卷 131・列傳第 81 李勉李皋傳：元和十二年，道古攻申州，克其羅城，乃進圍逼其中城。《資治通鑑》卷 240 唐紀 56 憲宗元和十二年：鄂岳觀察使李道古引兵出穆陵關。甲寅，攻申州，克其外郭，進攻子城。城中守將夜出兵擊之，道古之眾驚亂，死者甚眾。道古，皋之子也。）

長樂州（今寧夏同心縣韋州境）

《舊唐書》卷 15・本紀第 15 憲宗下：元和十三年（818 年），十一月辛巳朔，夏州破吐蕃五萬。靈武奏攻破吐蕃長樂州羅城。

梓州（今四川省三臺縣）

《舊唐書》卷 17 下・本紀第 17 下文宗下：大和五年（831），六月丁卯朔。戊寅，以霖雨涉旬，詔疏理諸司繫囚。辛卯，蘇、杭、湖南水害稼。甲午，東川奏：玄武江水漲二丈，梓州羅城漂人廬舍。

清池縣（今河北省滄州市東南）

《舊唐書》卷 17 下・本紀第 17 下文宗下：大和五年（831），冬十月乙丑朔，以前綿州刺史鄭緽爲安南都護。戊寅，蠻寇嶲州，陷二縣。辛巳，滄州移清池縣於南羅城內置。

汴州（今河南省開封市）

《舊唐書》卷 38・志第 18 地理一：汴州上，隋榮陽郡之濬儀縣也。……建中二年（781 年），築其羅城。

濬儀縣（今河南省開封市）

《舊唐書》卷 38・志第 18 地理一：濬儀，古縣，隋置，在今縣北三十里，爲李密所陷。……武德四年（621 年），移縣於州北羅城內。

魏州貴鄉（今河北大名東北）

《舊唐書》卷 39・志第 19 地理二：貴鄉……大象二年，於縣置魏州。武德八年（625 年），移縣入羅城內。開元二十八年（740 年），刺史盧暉移於羅城西百步。大曆四年（769 年），又移於河南岸置。

幽都（今北京之局部）

《舊唐書》卷 39・志第 19 地理二：幽都，管郭下西界，與薊分理。建中二年（781 年），取羅城內廢燕州廨署，置幽都縣，在府北一里。

郾城（今河南省郾城縣）

《舊唐書》卷 160・列傳第 110 李光進弟光顏傳：元和十二年（817 年），初，鄧懷金以官軍圍青陵城，絕其歸路，懷金懼，謀於郾城令董昌齡。昌齡母素誡其子令降，昌齡因此勸懷金歸款於光顏，且曰：「城中之人，父母妻子皆質於蔡州，如不屈而降，則家盡屠矣。請來攻城，我則舉烽求救。救兵將至，官軍逆擊之必敗，此時當以城降。」光顏從之，賊果敗走。於是昌齡執印，帥吏列於門外，懷金與諸將素服倒戈列於門內；光顏受降，乃入羅城，其城自壞五十餘步。

魏州（今河北省大名縣一帶）

《舊唐書》卷 181・列傳第 131 樂彥禎傳：彥禎志滿驕大，動多不法。一旦徵六州之眾，板築羅城，約河門舊堤，周八十里，月餘而畢，人用怨諮。

成都（今四川省成都市）

《舊唐書》卷 182・列傳第 132 高駢傳：詔報駢曰：卿報國之功，亦可悉數。最顯赫者，安南拒蠻，至今海隅尚守。次則汶陽之日，政聲洽平。洎臨成都，脅歸驃信，三載之內，亦無侵凌。創築羅城，大新錦里，其為雄壯，實少比儔。

長樂州（今寧夏同心縣韋州境）

《舊唐書》卷 196 下・列傳第 146 下吐蕃下：元和十三年（818）十一月，鹽州上言：吐蕃入河曲，夏州破五萬餘人。靈武破長樂州羅城，焚其屋宇器械。

汴州

《新唐書》卷 154 列傳第 66 李澄傳：澄引兵將取汴，屯其北門不敢進，

及劉洽師屯東門，賊將田懷珍納之。比澄入，洽已保子城矣。澄乃捨潯儀，兩軍士日爭忿，未能安。

吳房（今河南省遂平縣）

《資治通鑑》卷 240 唐紀 56 憲宗元和十二年：甲寅，李愬將攻吳房，諸將曰：「今日往亡。」愬曰：「吾兵少，不足戰，宜出其不意。彼以往亡不吾虞，正可擊也。」遂往，克其外城，斬首千餘級。餘眾保子城，不敢出。愬引兵還以誘之，淮西將孫獻忠果以驍騎五百追擊其背。眾驚，將走，愬下馬據胡床，令曰：「敢退者斬！」返旆力戰，獻忠死，淮西兵乃退。或勸愬乘勝攻其子城，可拔也。愬曰：「非吾計也。」引兵還營。

越州（今浙江省紹興）

《新唐書》卷 225 列傳第 150 下逆臣下董昌傳：昌身閱兵五雲門，出金帛傾鏐眾。全武等益奮，昌軍大潰，遽還，去僞號，曰：「越人勸我作天子，固無益，今復爲節度使。」全武四面攻，未克，會臺濛取蘇州，鏐召全武還，全武曰：「賊根本在甌、越，今失一州而緩賊，不可。」攻益急。城中以口率錢，雖簪珥皆輸軍。昌從子眞得士心，昌信讒殺之，眾始不用命。又減戰糧欲犒外軍，下愈怨，反攻昌，昌保子城。

梓州（今四川省三臺縣）

《新唐書》卷 36・志第 26 五行三：大和五年（831 年）六月，玄武江漲，高二丈，溢入梓州羅城。

昭應（今陝西省臨潼縣）

《新唐書》卷 37・志第 27 地理一：京兆府京兆郡，本雍州，開元元年爲府。昭應……天寶六載（747 年），更溫泉曰華清宮，治湯井爲池，環山列宮室，又築羅城，置百司及十宅。

雲州（今山西省大同市）

《舊五代史》卷 10（梁書）・末帝紀下：清泰三年（936 年）秋七月……丁酉，雲州節度使沙彥珣奏，此月二日夜，步軍指揮使桑遷作亂，以兵圍子城，彥珣突圍出城，就西山據雷公口。

兗城（今山東省兗州）

《舊五代史》卷 23（梁書）・列傳 13：天復元年（901 年）……初，（劉）

郡遣細人詐爲鬻油者，覘兗城內虛實及出入之所，視羅城下一水竇可以引眾而入，遂志之。郡乃告師範，請步兵五百，宵自水竇銜枚而入，一夕而定，軍城晏然，市民無擾。（《金華子》云：郡入據子城，甲兵精銳，城內人皆束手，莫敢旅拒。加以州將悍，人情不附，郡因而撫治，民皆安堵。）（又見《新五代史》卷二十二・梁臣傳第十・劉捍傳：梁太祖西攻鳳翔，師範乘梁虛，陰遣人分襲梁諸州縣，它遣者謀多漏泄，事不成。獨捍素好兵書，有機略。是時，梁已破硃瑾等，悉有兗、鄆，以葛從周爲兗州節度使，從周將兵在外，捍乃使人負油鬻城中，悉視城中虛實出入之所。油者得羅城下水竇可入，捍乃以步兵五百從水竇襲破之，徙從周家屬外第，親拜其母，撫之甚有恩禮。）

鎮州（今河北省正定縣）

《舊五代史》卷九十一（晉書）・列傳 6 王鎔傳：天祐八年（911 年）冬十二月……（張）文禮因其反側，密諭之曰；「王（梁太祖即位，封鎔趙王）將坑爾曹，宜自圖之。」眾皆掩泣相謂曰：「王待我如是，我等焉能效忠？」是夜，親事軍十餘人，自子城西門逾垣而入，鎔方焚香受籙，軍士二人突入，斷其首，袖之而出，遂焚其府第，煙焰互天，兵士大亂。（另見《資治通鑑》卷第 271・後梁紀六；《新五代史》卷三十九・雜傳第二十七・王鎔傳）

涿州

潞州（今山西省長治市）

《舊五代史》卷七十四（唐書）・列傳二十六：楊立者，潞州之小校。初事李嗣昭及李繼韜，皆畜養甚厚。繼韜被誅，憤憤失志。同光二年（924 年）四月，有詔以潞兵三萬人戍涿州，將發，其眾謀曰：「我輩事故使二十年，衣食豐足，未嘗邊塞征行，苟於邊上差跌，白骨何歸？不如據城自固，事成則富貴耳。」因聚徒百餘輩，攻子城東門，城中大擾。副使李繼珂及監軍張機祚出奔。立自稱留後，率軍民上表請旄節。莊宗怒，命明宗與李紹眞攻討，一月拔之，生擒立及其同惡十餘人，送於闕下，皆磔於市。潞州城峻而隍深，攻立輒敢據之，莊宗因茲詔諸道撤防城之備焉。

滑州（今河南省滑縣）

《舊五代史》卷九十一（晉書）・列傳六：符彥饒，唐莊宗朝蕃漢總管存審之第二字也。存審，《唐書》有傳。彥饒少驍勇，能騎射。……天福初，爲滑州節度使，累官至檢校太傅。二年七月，范延光據鄴都叛，朝廷遣侍衛馬

軍都指揮使白奉進率騎軍三千，屯於州之開元寺。一日，彥饒與奉進因事忿爭於牙署，事具奉進傳中。是時，奉進厲聲曰：「爾莫是與范延光同反耶？」拂衣而起，彥饒不留，帳下介士大噪，擒奉進殺之。奉進從騎散走，傳呼於外。時步軍都校馬萬、次校盧順密聞奉進被害，即率其部眾攻滑之子城，執彥饒以出。遣裨校方太拘送闕下，行及赤岡南，高祖遣中使害於路左。（另見《舊五代史》卷九十五（晉書）·列傳十：是日，步軍都校馬萬、次校盧順密聞奉進遇害，率其步眾攻滑之子城，執彥饒送於京師，戮於班荊館北。）

河府（《冊府元龜》作河中府，今山西省永濟縣）

《舊五代史》卷 102（漢書）·隱帝紀中：乾祐二年（949 年），秋七月……丙辰，樞密使郭威奏，收復河府羅城，李守貞退保子城。〔又見《舊五代史》卷 110（周書）·太祖紀一：乾祐……二年……七月十三日，帝率三寨將士奪賊羅城。二十一日，城陷，守貞舉家自焚而死。《新五代史》卷十一·周本紀第十一：久之，城中兵食俱盡，（郭）威曰：「可矣！」乃治攻具，為期日，四面攻之，破其羅城，守貞與妻子自焚死，思綰、景崇相次降。〕

登州（今山東省蓬萊市）

《舊五代史》卷十九（梁書）·列傳九：鄧季筠，宋州下邑人也。……天祐三年，奏授登州刺史，下車稱理。登州舊無羅城，及季筠至郡，率丁壯以築之，民甚安之，因相與立碑以頌其績。

襄州（今湖北省襄樊市）

《舊五代史》卷二十二（梁書）·列傳十二楊師厚傳：天祐三年（906 年）……即令（楊師厚）南討荊州，留後趙匡明亦棄軍上峽，不浹旬，並下兩鎮，乃正授襄州節度使。先是，漢南無羅城，師厚始興板築，周十餘里，郛郭完壯。

密州（今山東省諸城市）

《舊五代史》卷二十二（梁書）·列傳十二王檀傳：天復中（901～903年）……從攻王師範於青州，檀以偏師收復密郡。……遂權知軍州事，充本州馬步軍都指揮使，尋表授檢校右僕射，守密州〔註5〕刺史。郡接淮戎，舊無

〔註 5〕 密州故城即今諸城城區，密州故城始建於東漢建初五年（公元 80 年）。時東武縣治遷址，移崗下築城為治，後人謂之南城。北魏永安二年（529），銜築北城以為膠州治所，南城、北城合二為一，中有一門，謂之雙門，為南北城之交。隋開皇五年（585），廢膠州，置密州，即膠州治為密州治。開皇十八

壁壘，乃率夫修築羅城，六旬而畢，居民賴之，加檢校司空。

鄴都（今河南省安陽市）

《舊五代史》卷八十（晉書）·高祖紀六：天福七年……閏月……壬寅，詔百官五日一度起居，日輪定兩員，具所見以封事奏聞。詔改鄴都宣明門爲硃鳳門；武德殿爲視政殿，文思殿爲崇德殿，畫堂爲天清殿，寢殿爲乾福殿，其門悉從殿名；皇城南門爲乾明門，北門爲元德門，東門爲萬春門，西門爲千秋門；羅城南磚門爲廣運門，觀音門爲金明門，橙槽門爲清景門，寇氏門爲永芳門，朝臣門爲景風門；大城南門爲昭明門，觀音門爲廣義門，北河門爲靜安門，魏縣門爲應福門，寇氏門爲迎春門，朝城門爲興仁門，上斗門爲延清門，下斗門爲通遠門。

東京（今河南省開封市）

《舊五代史》卷一百一十二（周書）·太祖紀三：廣順二年（952 年）春正月……壬戌，修東京羅城，凡役丁夫五萬五千，兩旬而罷。

《舊五代史》卷一百一十五（周書）·世宗紀二：顯德二年（955 年）……乙卯，詔於京城四面別築羅城，期以來春興役。

《舊五代史》卷一百一十六（周書）·世宗紀三：顯德三年（956 年）春正月……戊戌，發丁夫十萬城京師羅城。

《舊五代史》卷一百一十八（周書）·世宗紀五：顯德五年（958 年）……五月……乙未，立東京羅城諸門名額，東二門曰寅賓、延春，南三門曰硃明、景風、畏景，西二門曰迎秋、肅政，北三門曰元德、長景、愛景。辛丑，幸懷信驛。

年（598），改東武爲諸城，即東武縣治爲諸城縣治，隸屬密州郡。自此之後，密州郡治斷斷續續延至元代，期間，諸城縣也斷斷續續隸屬密州。密州立名得於密水。密水即今之百尺河。清乾隆《諸城縣志》記載：密水，即百尺水，有源二：西源障日山，東源五鷥山，徑高密縣西，下注濰水。

明洪武二年（1369），廢密州治爲諸城縣治，密州之名隨之在中國地名上消失。洪武四年，置諸城守禦千戶所，守禦千戶伏彪大事修城，合南北城爲一，改雙門爲鐘樓，築左右城垣，加固城池，時縣城呈「凸」字形，面積 1.1 平方公里。清咸豐《青州府志》載：「城周九里三十步，高二丈七尺，池深五尺，廣倍之。門五，南曰永安，東南曰鎮海，西南曰政清，西北曰西寧，東北曰東武。門各有樓。」城內街道呈「干」字狀，樓閣、亭、臺、寺廟、祭壇、牌坊等名勝古蹟頗多，後歷經戰亂破壞，現已所剩無幾，縣城舊貌今不復見。

魏州（今河北省大名縣一帶）

《新五代史》卷五十一・雜傳第三十九・婁繼英傳：及范延光反，繼英有弟爲魏州子城都虞候，延光遣人以蠟書招繼英，繼英乃遣延沼入魏見延光，延光大喜，與之信箭，使陰圖許。

附錄 F：明代北直隸城池營建始末

府州縣	始　建	明代始修	甃　砌	周　長	城　高	城　廣	城　門	池　深	池　闊
順天府	詳京師卷			周 40 里					
大興（倚）									
宛平（倚）									
良鄉	舊土城		隆慶中（1567～1572）始	3 里 220 步	3 丈 2 尺	3 丈	門 4	一丈 5 尺	2 丈
固安	明正德十四年（1519）創築土基		嘉靖二十九　年（1550）	5 里 269 步	2 丈 3 尺	2 丈 3 尺	門 4	一丈 5 尺〔嘉靖六年（1527）增鑿城壕〕	3 丈
永清	舊城僅三里	正德五年（1510）	隆慶二年（1568）	5 里 7 步	2 丈 5 尺	3 丈		3 丈	2 丈
東安	未詳	弘治十一年（1498）	隆慶二年（1568）	7 里 240 步〔嘉靖二十八年（1549）〕	2 丈 7 尺（1549）	1 丈 5 尺（1549）	門 4〔正德六年（1511）〕，角樓〔嘉靖二十九年（1550）〕	8　尺（1549），一丈 6 尺（1550）	一丈 2 尺（1549），3 丈 2 尺（1550）
香河	舊土城		正德二年（1507）	7 里 200 步	2 丈 3 尺		門 4，角樓、敵臺	一丈 5 尺	2 丈 5 尺
通州	舊有城久圮，元末編籬寨爲城		洪武元年（1368）	9 里 13 步	3 丈 5 尺		門 4，閘一、橋四		
三河	五代後唐長興二年（931）	嘉靖二十九　年（1550）	五代後唐長興二年（931）	6 里	3 丈 5 尺（931），4 丈（1550），4 丈 5 尺（1563）		門 4，敵臺、角樓〔嘉靖四十二年（1563）〕	一丈 5 尺	3 丈

武清	明正德6年（1511）	嘉靖二十二年（1543）	隆慶三年（1569）	8里260步	2丈7尺	3丈	門3，北面無門	一丈2尺	3丈
漷縣									
寶坻	舊土城		弘治中（1488～1505）	6里	三丈有奇	一丈	門4	一丈	3丈6尺
昌平州	明景泰初（1450～1456）		萬曆元年（1573）之後，崇禎九年（1636）之前	10里	二丈七尺		門3	2丈許	2丈
順義	唐天寶間（742～755）		萬曆中（1573～1619）	6里110步	2丈5尺	一丈3尺	門4	一丈5尺	4丈
密雲	舊城明洪武中。新城明萬曆四年（1576）			9里13步	3丈5尺	2丈8尺	門3	2丈	一丈5尺
懷柔	明洪武十四年（1381）		成化三年（1467）	4里108步	3丈一尺	2丈	門3	8尺	一丈5尺
涿州	舊土城		景泰初（1450～1456）	9里有奇	4丈	3丈	門4	一丈	二丈
房山	金大定中（1161～1189）		隆慶五年（1571）	4里有奇	3丈5尺		門4	5尺	二丈
霸州	燕昭王（公元前311～279）		正德中（1506～1521）	6里320步	3丈尺	址廣二丈，頂廣一丈	門3	一丈2尺	七尺
文安	漢代	正德九年（1514）	崇禎九年（1636）	8里30步	2丈	2丈5尺	門5	2丈	3丈
大城	舊城圮	正德七年（1512）故址築土城	嘉靖四十一年（1562）	4里有奇	一丈6尺		門4	6丈	7丈
保定	宋代	嘉靖二十九年（1550）		6里69步	3丈	2丈	門4		
				889步	一丈5尺			8尺	一丈
領縣四	舊土城		洪武四年（1371）	9里30步	3丈5尺	3丈	東西南三門	6尺	5尺
玉田	舊土城	成化三年（1467）甃砌	崇禎八年（1635）易磚	3里140步	3丈	3丈	門4，無北門	一丈	一丈2尺
豐潤	舊土城無考		正統十四年（1449）天順6年（146二）	4里	2丈5尺	2丈	門4	2丈	2丈

平谷	舊土城		成化中	3里160步	2丈5尺	3丈5尺	門4	一丈3尺	2丈5尺
遵化	舊土城	洪武十一年（1378）	洪武十一年，萬曆9年（1581）	6里有奇	3丈6尺		城樓，門4 水門3	2丈	3丈
永平府	舊土城		洪武4年（1371）	9里13步	3丈有奇	2丈	門4，水西門一	2丈	5丈
盧龍（倚）									
遷安	舊土垣	明景泰中。成化四年（1468）築新城以包之	明景泰中（1450～1456）	5里	3丈	一丈2尺	西南北三門。弘治十二年（1499）增關東門	2丈	3丈
撫寧	舊土城	成化三年（1467）重築		3里80步有奇	2丈9尺	一丈2尺	門4，欄馬牆	3丈	5丈餘
昌黎	舊土垣	嘉靖中（1522～1566）加修；隆慶中（1567～1572），依舊城重築	弘治中（1488～1505）	4里	3丈	一丈有奇	門4	2丈	4丈
灤州	遼代		景泰二年（1451）	4里200餘步	2丈9尺	2丈	門4	2丈	2丈
樂亭	舊土垣		成化元年（1465）	3里	2丈8尺	一丈5尺	門4	一丈4尺	3丈5尺
保定府	元大將軍張柔始築	建文四年（1402）甃城增女牆	隆慶初（1567～1572）盡甃以磚	12里330步	3丈5尺	上廣一丈五尺，下廣三丈五尺	門4	3丈	5丈
清苑（倚）									
滿城	遼蕭后築		成化十一年（1475）	4里250步	一丈5尺	一丈2尺	南北二門	一丈	一丈5尺
安肅	有南北二土城，五代始築	景泰間增修	景泰中（1450～1456）	4里	3丈	一丈5尺		一丈	2丈
定興	金大定7年（1167）	成化四年（1468）	隆慶五年（1571）	5里80步	2丈	一丈	門4	8尺	一丈5尺
新城	舊土城，遼蕭后築	景泰中修	崇禎中甃以磚	3里80步	3丈2尺有奇	8尺	南北二門	一丈5尺	3丈
唐縣	土城	弘治中（1488～1505）重建	隆慶中（1567～1572）築甕城	4里有奇	一丈八尺	一丈	東西南三門	7尺	7尺

博野	舊土城	洪武二年（1369）	崇禎十三年（1640）始甃以磚	4里13步	2丈5尺	一丈5尺	東西南三門	一丈	2丈
慶都	唐武德4年（621）	洪武二年（1369）	崇禎中，增築甕城；清康熙四年（1665）磚甃	4里有奇	3丈	2丈	南北二門	7尺	7尺
容城	唐竇建德（573～621）築	景泰初（1450～1456）	康熙元年（1662）築甕城建重門雉堞悉甃以磚	3里15步	2丈5尺	一丈	南北二門	6尺	一丈2尺
完縣	隋仁壽（601～604）	成化間（1465～1487）始開北門	崇禎十二年	9里13步	2丈5尺	一丈5尺	東南二門	一丈	2丈
蠡縣	漢封蠡吾侯	天順中（1457～1464）重修	崇禎十二年（1639）	8里有奇	2丈5尺	一丈	南北二門	一丈8尺	2丈
雄縣	漢獻帝時遷	洪武初重築明	嘉靖中甃垛口	9里30步	3丈5尺	一丈5尺	東西南三門	一丈	3丈
祁州	舊土城	成化二十年（1484）	天啓六年（1626）磚甃南門甕城	4里339步	2丈5尺	7尺	東西南三門	一丈5尺	3丈
深澤	明正統中			4里167步	2丈5尺	一丈	門3	一丈	2丈
束鹿	舊城元至正十八年（1358）築，天啓二年（1622）廢，新築城	天啓四年（1624）	未詳	6里140步	3丈一尺	一丈6尺	門4	2丈	2丈
安州	宋楊延朗築	景泰中	未詳	5里30步	2丈5尺	一丈	門4	一丈5尺	一丈
高陽	明天順中（1457～1464）創土城	嘉靖中（1522～1566），增建重門	崇禎時（1628～1644），甃以磚	4里110步	2丈5尺	一丈2尺	門4	3丈	2丈
新安	金章宗（1189～1208）所築	洪武中（1368～1398）重修	崇禎中（1628～1644），甃甕城	7里13步	4丈	一丈4尺	門4	一丈	4丈
易州	舊土城，戰國	明正統間（1436～1449）	隆慶間（1567～1572）始甃以磚	9里13步					

淶水	舊城在拒馬河西，被水沖圮	明永樂中（1403～1424），徙置今地	崇禎七年（1634），易土以磚，未竣，十年（1637），續成之	3里85步	2丈	一丈	南北二門，成化十一年（1475），增開西門	8尺	二丈
河間府	宋熙寧中（1068～1077）	明初重築	萬曆六年（1578）磚砌敵臺	16里	3丈2尺	一丈五尺	門4	2丈	5丈
河間（倚）									
獻縣	金天會八年（1130）建	成化二年（1466）重築		6里	2丈5尺	2丈	門4	一丈	3丈
阜城	始建莫考	成化二年（1466）	隆慶元年（1567）易以磚陴	5里	2丈2尺	一丈五尺	門4	一丈	3丈
肅寧	宋景泰二年（似應作嘉泰二年，1202年，宋無此年號）		天啓五年（1625）	6里有奇	2丈8尺	2丈	東西二門	一丈五尺	4丈
任邱	漢平帝時	洪武七年（1374）建土城	萬曆三十八年（1610）	5里99步	3丈7尺	3丈	門4	3丈	5丈
交河	明洪武間創	正德間增修	嘉靖間易垛以磚	6里	一丈五尺	2丈	門4	一丈2尺	3丈
青縣	宋始建	成化中（1465～1487）增修		5里	2丈5尺	2丈		一丈	3丈
興濟									
靜海	始建無考			6里	2丈5尺	一丈八尺		一丈	3丈
寧津	金始建	洪武初增修	隆慶間始甃以磚	3里	2丈5尺	2丈	門4	一丈	一丈五尺
景州	元天曆間（1328～1329）	天順七年（1463）增築	未詳	4里	2丈3尺	一丈	門4		2丈
吳橋	舊土城	正統二年（1437）	崇禎十一年（1638）	4里有奇	2丈5尺	一丈五尺	門4	2丈	3丈
東光	舊土城	未詳	崇禎十一年改磚築	6里	3丈6尺		門4	一丈	3丈
故城	明成化二年（1466）	萬曆間重修	未詳	5里	2丈5尺	一丈9尺	門4	一丈	2丈五尺
滄州	明永樂初遷今治	永樂初	天順五年（1461）	8里	2丈5尺	2丈5尺	門5	一丈5尺	4丈5尺

南皮	舊土城	嘉靖二十五年（1546）	崇禎九年（1636），增築甕城，磚甃垛口	4里有奇	2丈一尺	一丈五尺	門4	一丈	2丈
鹽山	明洪武九年（1376）移於今治	成化二年（1466）	未詳	8里	2丈5尺	2丈	門3，無北門	一丈	3丈
慶雲	洪武六年（1373）建	成化二年（1466）增築		4里	2丈5尺	2丈		一丈	2丈
眞定府	漢東垣故城	正統年增築		24里	3丈餘	2丈5尺	門4	2丈餘	十餘丈
眞定（倚）									
獲鹿	舊土城	明成化十六年（1480）	成化十六年（1480）磚甃	4里	二丈7尺	一丈五尺	東西南三門	一丈三尺	一丈五尺
井陘	宋熙寧中（1068～1077）移縣治於此	洪武元年（1368）	嘉靖20年（1541）磚甃	3里20步	3丈	二丈五尺	東南有門，共門5	一丈三尺	9尺
阜平	舊土城	成化五年（1469）		3里有奇	3丈				
欒城	始自晉	洪武十年（1377）因舊址創修	崇禎間，改營磚城，十五年（1642）始就	3里餘	二丈八尺	二丈	門4	一丈八尺	3丈
行唐	唐至德間（756～757）始建	景泰元年（1450）重修		5里75步	3丈	2丈	西南北三門	8尺	一丈五尺
靈壽	舊土城	正統四年（1439）	成化十八年（1482），改磚堞	3里	2丈2尺	2丈	東西南三門	2丈	一丈五尺
平山	金大定二年（1162）始建土城	嘉靖三年（1524），並築護城堤		4里120步	3丈一尺	2丈	門4	一丈五尺	一丈2尺
元氏	隋開皇六年（586）	景泰四年（1453）	萬曆三十年（1602）改石城	5里	2丈7尺	一丈6尺	未詳	一丈7尺	2丈5尺
無極	唐郭子儀、李光弼始建	洪武間重築	萬曆間易堞以磚	5里140步			東西南三門		
藁城	舊有土城	正德十五年（1520）		6里	3丈	2丈	門4	一丈五尺	2丈

冀州	宋建隆初（960～962）	明成化十八年（1482）水退重修	崇禎九年（1636）磚甃城樓敵臺垛口	14里	2丈		南北西為三門，東面西南隅為二水門		
南宮	舊在縣西三里，明正統十四年（1449）建	成化十四年（1478），遷今地	嘉靖十八年（1539），磚甃陣堞	8里	2丈		門4		
新河	元至正間（1341～1370）移建於此，工未就	明景泰間（1450～1456）築	嘉靖三十三年（1554），磚甃垛堞	4里	2丈	2丈	東西南三門	一丈	一丈
棗強	金天會四年（1126）	明成化六年（1470）	嘉靖二十九年（1550）增築，易土陣以磚	4里	2丈8尺		東西南三門	正德中（1506～1521）濬隍，闊五尺，益以護城堤	
武邑	明正統十四年（1449）循舊址重築			4里	2丈4尺		門4	一丈一尺	
趙州	舊土城	明成化四年（1468），因舊修葺		13里	3丈	2丈	門4	一丈	10丈
柏鄉	隋開皇中（581～600）始建		明嘉靖二十三年（1544年）重修，易堞以磚	5里30步	3丈	2丈	門4	2丈	2丈
隆平	宋宣和間（1119～1125）遷此，元末復毀於兵	明洪武十四年（1381）		6里312步	3丈	2丈	門4	一丈3尺	3丈
高邑	始建無考	明洪武初		4里56步	2丈3尺	一丈5尺	門4	一丈	3丈
臨城	舊土城	明正統十年（1445）	萬曆二十八年（1600）易南面為石城	3里	2丈5尺	一丈5尺	西南北三門	2丈	3丈
贊皇	隋開皇六年（586）	景泰元年（1450）修門		4里	3丈		東西南三門	一丈五尺	
寧晉	唐天寶初	明成化九年（1473）		6里	2丈	2丈5尺	東南北三門，洨水環遶可通舟楫	2丈	3丈

深州	明永樂十年（1412）徙治，時城垣未建	景泰初	萬曆二十二年（1594）	9里	2丈5尺	2丈	門4	一丈3尺	2丈
衡水	明永樂五年（1407），大水，移縣治於今地	景泰元年（1450），始創建	萬曆三年（1575），易垛以磚	4里有奇	2丈	一丈3尺	門4	一丈3尺	7尺
晉州	元代	景泰間增修		4里			東西二門		
武強	周顯德二年（955）	明天順中	崇禎間易以磚垛	4里156步	2丈5尺	一丈	門4	8尺	一丈5尺
饒陽	明成化五年（1469）		崇禎十年（1637）改築磚城，高廣增半	4里餘	3丈	2丈	東西南三門	一丈2尺	2丈
安平	舊土城	明成化中	嘉靖二十一年（1542）磚砌垛口	5里有奇	2丈8尺	2丈3尺	門4		
定州	舊土城	明洪武初		26里13步	3丈	2丈	門4	2丈	10丈
新樂	唐郭子儀、李光弼始建	景泰元年（1450）	嘉靖二十五年（1546）易土垛以磚	3里	3丈	2丈	東南二門	8尺	一丈
曲陽	唐至德間（756～757年）始建	明景泰元年（1450）		5里13步	3丈	3丈5尺	門5	一丈	2丈
順德府	春秋齊桓公	天順四年（1460），成化二十二年（1486）	萬曆十年（1582）甃以磚石	宋元時9里有奇			門4	丈許	5丈
				13里100步	3丈5尺	5丈有奇		2丈	5丈
邢臺（倚）									
沙河	舊土城	弘治十八年（1505）仍遷還舊地		5里20步有奇	3丈	一丈有奇	南北二門	2丈	2丈
平鄉	古南欒城	成化初築		3里23步	3丈	2丈		一丈	2丈
南和	元至正中（1341～1370）	明正統十四年（1449）	崇禎十二年（1639）	4里	3丈	一丈		2丈有奇	2丈有奇
廣宗	土城，明正統四年（1439）	成化元年（1465）增修	萬曆二十二年（1594）	4里98步	2丈3尺	2丈7尺		一丈有奇	2丈

鉅鹿	舊土城，唐垂拱元年（685）	成化中重築	崇禎十二年（1639）	7里23步	3丈	3丈5尺	門4	一丈5尺	2丈
唐山	金時築	成化中重修	未詳	3里有奇	3丈餘	2丈有奇	南北二門	2丈	一丈5尺
內邱	唐太和九年（835）	正德九年（1514）重修		4里30步，外增副城，圍七里	3丈	2丈	門4	2丈許	一丈有奇
任縣	元至大中（1309～1311）建	景泰五年（1454）增修	崇禎十三年（1640）甃以磚	5里5步	3丈	4丈	東西北三門	一丈5尺	一丈
廣平府	（夏）寶建德（573～621）舊基	正統間	嘉靖間	9里13步	3丈5尺	2丈5尺	門4	2丈	15丈
永年（倚）									
曲周	明成化4年（1468）	正德七年（1512）增築	萬曆四十六年(1618)	5里13步	2丈4尺	9尺	門4	一丈5尺	4丈5尺
衡水	宋（熙寧1068～1077）		崇禎十三年（1640）	5里118步	4丈	一丈	門4	一丈	一丈
雞澤	金大定中（1161～1189）	元代重修	崇禎十三年（1640）	5里	一丈5尺	一丈3尺	門4	一丈5尺	2丈
廣平	明初始治今地，天順中（1457～1464），創建土城		崇禎十二年（1639）	3里168步	3丈6尺		東西南三門	一丈5尺	2丈
邯鄲	古趙國城址	成化間重修，拓東北隅三里許		8里	4丈	3丈	門4	一丈5尺	2丈餘
成安	舊土城	明正統中（1436～1449），因舊址重築	崇禎十二年（1639）	3里有奇	3丈9尺	2丈	東西南三門	一丈5尺	3丈
威縣	宋宗城，金洺州，元威州	明降為縣城，仍州制	隆慶三年（1569）易磚垜	6里64步	3丈2尺	2丈	門4	一丈2尺	2丈5尺
清河	舊土城，周圍九里，宋元祐六年（1091）築，復圮	明正德七年（1512）於舊城東南隅重築	萬曆十三年修磚垜	3里	2丈一尺	一丈5尺	東西南三門	一丈	2丈
大名府	唐魏博節度使建	洪武三十四年（1401）圮於水遷今址	嘉靖40年（1561）	9里	3丈5尺	2丈5尺		4丈5尺	9丈

元城（倚）									
大名	金時屯營	景泰間重築土城		5里	2丈6尺	2丈5尺	東西二門	一丈	一丈二尺
魏縣	明正統十四年（1449）築土城		嘉靖三十二年（1553）甃，崇禎九年（1636），盡甃	5里有奇			門4，明正統十四年（1449），於東北增關一門，弘治四年（1491），增關西北門	一丈5尺	2丈4尺
南樂	舊土城，元代	弘治間	嘉靖34年（1555）盡甃	6里130步	2丈5尺	2丈	門4	一丈	一丈
清豐	舊土城，宋代	成化初	崇禎八年（1635）甃以磚	5里有奇	4丈	3丈	門4	一丈5尺	3丈
內黃									
浚縣									
滑縣									
開州	五代晉	弘治十三年（1500）		24里	3丈5尺	3丈	門4	一丈5尺	3丈
東明	明弘治四年（1491）		崇禎十二年（1639）甃以磚	7里40步	2丈5尺	2丈	門4	一丈5尺	6丈
長垣	金元故柳冢	洪武元年（1368）徙築今地為土城，正統十四年（1449）展拓	崇禎十年改磚城	初2里有奇，8里有奇	2丈5尺		門4	一丈5尺	4丈6尺
延慶州	明永樂中（1403～1424）	宣德五年（1430），景泰二年（1451）增修	天啓七年（1627）甃以磚	4里130步	3丈5尺	4丈3尺	東西南三門	一丈一尺	2丈
永寧									
保安州	明永樂十三年（1415）因舊補築			794丈	3丈5尺		門4	2丈5尺	

資料來源：本研究根據《欽定續通典》卷一百四十和《畿輔通志》卷二十五整理

附錄 G：明代北直隸壇廟方位統計

府州縣	廟　　學	城隍廟	社稷壇	山川壇	厲　　壇
順德府	儒學縣治東南，宋大觀間建。文廟府治西北	府治西北	舊在城北，成化五年知府黎永明卜徙西關外路南。	在南關街東，成化間知府林恭改建南關外，萬曆十一年知府王守誠重修	城北關外
邢臺（倚）	縣治東南				
沙河	縣治東南	縣治西	縣西。縣西北	縣東南	縣北。縣東北
平鄉	縣治東，洪武初建。縣治東北	縣治東北	北門外	縣城南	縣城北
南和	縣治東南	縣治東南	縣西北	城南	縣正北
廣宗	縣治東南，元中統間建		縣北關外	縣南關外	縣北關外
鉅鹿	縣治東南，元元貞間建	縣治東	城西。北關迤西	城南。南門外	城北。北門迤東
唐山	縣治西元至正間建，洪武初知縣劉安禮再建	縣治南。縣治西	舊在縣西，成化間知縣司員遷修於縣北。縣城西北	縣城東南	縣城北
內邱	治城西北隅，洪武初主簿彭煥建	縣治東北，洪武年建	城西北，洪武間建，成化間重修	城東南，洪武間建，成化間重修	縣北門外
任縣	縣治東，延祐間建，永樂間知縣周升重修	東門裏	城西北。縣西北隅	城南。城東南隅	城東北。城北門外

資料來源：順德府壇廟方位研究根據成化《順德府志》和萬曆《順德府志》整理。